www.ingramcontent.com/pod-product-compliance
Lightning Source LLC
LaVergne TN
LVHW050949051026
849532LV00005B/1771
* 9 7 8 9 3 5 8 7 2 2 0 0 0 *

# مجاور حسین رضوی

## کے کچھ مضامین

سید مجاور حسین رضوی

**Mujawir Husain Rizvi ke kuch mazameen** (Essays)
by: Syed Mujawir Husain Rizvi
Edition: March '2024
Publisher :
*Taemeer Publications LLC* (Michigan, USA / Hyderabad, India)

ISBN 978-93-5872-200-0

9 789358 722000



| | | |
|---|---|---|
| کتاب | : | **مجاور حسین رضوی کے کچھ مضامین** |
| مصنف | : | **سید مجاور حسین رضوی** |
| پروف ریڈنگ / تدوین | : | اعجاز عبید |
| صنف | : | غیر افسانوی نثر |
| ناشر | : | تعمیر پبلی کیشنز (حیدرآباد، انڈیا) |
| سالِ اشاعت | : | ۲۰۲۴ء |
| صفحات | : | ۷۲ |
| سرورق ڈیزائن | : | تعمیر ویب ڈیزائن |

# فہرست

# قصیدہ

تمام اصناف سخن میں قصیدہ واحد صنف سخن ہے جسے منتخب افراد، منتخب قارئین یا ناظرین کے لئے منتخب زبان میں پیش کرتے ہیں۔ قصیدہ کے پورے عمل میں لفظ انتخاب کو کلیدی حیثیت حاصل ہے اس کے ممدوحین منتخب روزگار ہوتے ہیں ان سے وابستہ تاریخیں منتخب ہوتی ہیں کسی صنف سخن کو یہ امتیاز حاصل نہیں ہے کہ یہ پہلے سے طئے ہو کہ تیرہ رجب جب آئے گی تو قصیدہ خوانی کی بزم سجے گی سترہ ربیع الاول کو قصیدہ کی محفل آراستہ ہوگی تیسری شعبان کو فضا میں درود کی آوازیں گونجیں گی پندرہ رمضان کو بھی نعرہ صلوات سے اس تاریخ کا استقبال ہوگا۔

اور یہ اسوقت ہے جب بعض منفی ذہن رکھنے والے محققین اور نقاد قصیدہ کو مردہ صنف سخن قرار دے چکے ہیں دراصل کچھ لوگوں نے مشاہدات کی دنیا چھوڑ کر مزعومات کی دنیا کو اپنایا اور ان کے خیال میں اردو شاعری صرف غزل یا مغرب سے مستعار، ہئیتی تجربوں تک محدود ہے دراصل یہ وہ لوگ ہیں جنہیں مشرق کے علم و فضل کی روایات سے کبھی ہم آہنگی تو رہی نہیں یہ لوگ صرف اک پیمانہ جانتے تھے اور وہ پیمانہ تھا بازار کا جو چیز۔ بازار میں چلتی ہے بس وہی زندہ ہے۔

قصیدہ نے اس طرح کے تمام ادبی اوہام باطلہ کی بت شکنی کی۔ کوئی شخص بھی ہر صنف سخن کو سڑک پر یا بازاروں میں پڑھتے ہوئے چل سکتا ہے مگر قصیدہ کو سڑک پر یا

بازار میں نہیں پڑھا جاتا نہ پڑھا جا سکتا ہے یہ صرف اہل علم و فضل کے دربار کی چیز ہے۔ لوگوں کے ذہن میں غلط تصور تھا کہ قصیدہ کا دربار یادگار سے وابستہ تھا بیشک قصیدے کا تعلق دربار درگاہ سے تھا لیکن وہ دربار یقیناً ختم ہو گئے جہاں مہ نو جھک کے سلام کیا کرتا تھا لیکن وہ دربار نہ کبھی ختم ہوئے ہیں نہ کبھی ختم ہوں گے جن کے درکار ذرہ آفتاب ہے جہاں صبح کو سورج کی کرنیں سجدہ ریز ہو کے تابانی حاصل کرتی ہیں۔

یہ امتیاز صنف قصیدہ کو حاصل ہے کہ اس نے منتخب افراد کو اپنا ممدوح بنایا۔

یہاں اس نکتہ کی وضاحت ضروری ہے کہ اس صنف سخن کو مذہبی اور عصبیت و تنگ نظری کے حصار میں قید کر کے نہ دیکھا جائے اس صنف سخن کو بھی یہ امتیاز حاصل ہے کہ دوار کا دس شعر مہاراجہ بلوان سنگھ سے لے کر دور حاضر میں جگن ناتھ آزاد، وشنو کمار شوق تک نے بڑے معرکے کے قصائد لکھے ہیں اگر کسی نے یہ قصائد نہیں پڑھے تو بے اختیار یہ کہنے کو جی چاہتا ہے کہ

گر نہ بلند بروز سپرہ چشم۔۔۔ چشمۂ آفتاب راچہ گناہ

قصائد کو حالی سے متاثر ہو کر تضحیک آمیز خطابات سے سرفراز کرنا دلیل کم نظری ہے شاعر قصائد کے ذریعہ ممدوح کا نام لے کر اخلاقیات کے اعلیٰ ترین معیار پیش کرتا ہے بالخصوص مذہبی دنیا میں جو ممدوحین ہیں وہ اپنی صفات کے اعتبار سے اس منزل پر فائز ہیں جہاں الفاظ کی تنگ دامانی کا احساس ہوتا ہے صفات زیادہ لفظوں کی دنیا بہت مختصر۔ لیکن جیسا کہ ابتداء ہی میں عرض کیا گیا قصیدہ نگاری بھی منتخب افراد کا کام ہے قصیدے کے ممدوحین بھی منتخب روزگار ہوتے ہیں اور بے اختیار یہ عرض کرنے کو جی چاہتا ہے کہ قصیدہ شناسی بھی ہر حرف شناس کا کام نہیں ہو سکتا اس کے لئے بھی کڑھی ہوئی شخصیت وسیع مطالبہ اور بیشتر عوام و فنون سے واقفیت اور آگہی لازمی ہے اس لئے قصائد میں اصلاحات

علمیہ کے ساتھ مختلف فنون کے لئے اشارے اور کتابیں بھی ملتے ہیں اور ان سب کے ساتھ ابری اقدار حیات کی مالک شخصیتوں کے تذکرے میں مذہبی تاریخ اور طہارت نفس کے تذکرے بھی نظر آتے ہیں اور یہ کام صرف وہ لوگ انجام دے سکتے ہیں جو شعراء میں بھی "منتخب" ہوتے ہیں۔

ایسے ہی منتخب شعراء میں سید زوار عباس مرحوم تھے۔

ان کا تعلق قصبہ کراری سے تھا آپ کا سلسلۂ نسب حضرت امام محمد تقی کے دوسرے صاحبزادے سید موسیٰ برقع سے ملتا ہے یہ لوگ فیروز شاہ تغلق کے عہد میں ہندوستان آئے فیروز شاہ تغلق نے انہیں گورنری کی سند دی سید حسام الدین نے کراری کے خطے کو آباد کیا یہ لوگ حقیقی معنوں میں کرارے کی تانیث نہیں بلکہ کراری ہیں اس وجہ سے قصیدے کی زبان میں جو مداحی اہلبیت کی چاشنی ہونی چاہئے وہ اہل کراری کے پاس ہے۔ زوار عباس مرحوم کی شخصیت میں جو وجاہت وزن اور وقار تھا وہ بھی قصیدے کی مخصوص فضاء اور زمین سے ہم آہنگ تھا وہ انسپکٹر جنرل (رجسٹریشن) بھی رہے۔ امیر صدر ان لوگوں کا خاندانی خطاب تھا بظاہر یہ نکتے غیر اہم سمجھے جاتے ہیں لیکن شخصیت بہر حال شاعری میں جلوہ گر ہو کر رہتی ہے اور قصیدہ جس جاہ و جلال، عظمت شان و شکوہ وقار اور رکھ رکھاؤ کا مطالبہ کرتا ہے وہ سب پہلو زوار عباس کی شخصیت میں نظر آتے ہیں۔

یہ سچ ہے کہ ان کا مزاج کلاسیکی تھا لیکن وہ اپنے عہد کے معاصرین کے انکار اور لب ولہجہ سے بے خبر نہ تھے انہوں نے اس کا لحاظ رکھا کہ ان کا کلام بے وقت کی راگنی معلوم نہ ہو۔

قصیدہ عربی میں ایسی صنف سخن تھی جس میں غزل کا شباب اور رثائیت کا گداز، فخر

ولہجہ، مدح وز سبھی کچھ تھا زوار عباس غزل کے شاعر تھے مگر انہوں نے غزل کو "سلام" نہیں کیا بلکہ اسے صلابت فکر سے قصیدہ کا جز بنا دیا ان کے بعض بے حد مقبول قصائد کی نشیب میں رنگ تغزل اس طرح جھلکتا ہے جیسے سبز پتیوں کی آڑ لے گلاب کے پھول کا حُسن دہائی دے رہا ہو نشیب کے دوچار اشعار ملاحظہ ہوں۔

دیوانے سنگ راہ سے ٹکرائے جاتے ہیں
یہ کس نے کہہ دیا ہے کہ وہ آئے جاتے ہیں
دو دن کی زندگی میں یہ کب تک سنا کروں
وہ چار دن کی بات ہے وہ آئے جاتے ہیں
نظریں جھکائے بیٹھے ہیں مٹھی میں دل لئے ہوئے
پوچھا پتہ تو کہہ دیا کاہے کا اضطراب ہے
یہ عریضے تو ہیں تجدید تمنا کے لئے
آرزو دل میں ہیں کیا جانئے کیا کیا باقی

تغزل کے ساتھ ان کے یہاں علم بدیع و بیان کے وہ خوبصورت پہلو بھی نظر آتے ہیں جنہیں عرب عام میں صناعی کہا جاتا ہے مختلف صنعتوں کی نمائندگی کرنے والے کچھ اشعار پیش کئے جارہے ہیں مثلاً صنعت براعتد الاسہلال کا نمونہ ملاحظہ ہو اس صنعت کے ماہرین میں دیا شنکر نسیم اور مرزا دبیر کے نام بہت مشہور ہیں یہ وہ صنعت ہے جس میں ابتدائی اشعار میں بعد میں آنے والے واقعات کی حُسن کارانہ انداز میں نشاندہی کر دی جاتی ہے۔

درہم وبرہم جہاں میں اب نظام امن ہے
ہے ترقی پر نفاق و فتنہ و شر کا چلن

اب شاعرانہ فنکاری دیکھئے متذکرہ بالا شعر میں بھی اور درج ذیل شعر میں اس صنعت کے ساتھ عصری حسیت بھرپور طور سے نظر آرہی ہے۔

اب یہ شعر دیکھئے امام زمانہ علیہ السلام کی مدح میں ہے عرض مدعا ہے اور عصری حسیت بھرپور طور سے موجود ہے

حرمت مسجد اقصیٰ کو بچالے آکر
اہل شر کا ہے فلسطین پہ قبضا باقی

ایسا نہیں ہے کہ یہ پہلو صرف سنگلاخ زمینوں میں نظر آتا ہے ہو انہوں نے قصیدے کی زمین میں ایسے تجربہ بھی کئے جہاں عصری حسیت آہنگ، لحن اور ترنم ہے یہ شعر ملاحظہ ہو:

زمانہ کا ہر اک قدم ہے انقلاب آفریں
سیاست جہاں کا مکر وجہ انتشار ہے

لیکن ان کا شعری مزاج اور شعری وراثت کلاسیکی رچاؤ اور صناعی سے الگ نہیں ہٹ سکتا چنانچہ ان کے کلام میں نمایاں ہی نہیں بلکہ غالب عنصر کی حیثیت رکھتا ہے۔

I قسمت سے وہاں حُسن تصور کا گزر ہے
واللیل جہاں شام ہے والعجز سحر ہے (صنعت تلمیع)

II وہ نور جو ہے دامن والشمس کی زینت
جس سے کہ زمانہ میں تجلی سحر ہے (صنعت تلمیع)

III ہوتی ہے جہاں بارش انوار الٰہی
ہر ذرہ جہاں غیرت خورشید و قمر (صنعت طباق)

IV ہر نقش قدم صورت "والنجم' ہے روشن

غیرت دہ صد کاہکشاں راہ گزر ہے (تلمیع ورعایت لفظی)

تین اشعار میں صنعت تلمیع ہے جسے ملمع بھی کہتے ہیں یہ وہ صنعت ہوتی ہے جس میں اپنی زبان کے علاوہ کسی دوسری زبان کی ترکیب خصوصاً عربی کی ترکیب۔ فارسی میں قرۃ العین طاہرہ نے اس صنعت میں بڑی شہرت حاصل کی مراثی ہیں اس کی مثالیں کثرت سے ملتی ہیں قصائد میں بھی یہ صنعت کلام کو شعری جلالت پیدا کرتی ہے اب مثلاً پہلے شعر میں "واللیل' دوسرے شعر میں "والشمس' چوتھے شعر میں "والنجم' نے ان اشعار کو صنعت ملمع کا نمونہ بھی بنایا اور جلالت فکر بھی عطا کی، ان صنعتوں کی وجہ سے حُسن معنی ہیں چار چاند لگ جاتے ہیں۔

مشکل اور سنگلاخ زمینوں کو سامعین کے ذہنوں سے اس طرح ہم آہنگ کر دینا کہ جس رات محفل ہو دوسری صبح قصیدے کے۔۔۔۔۔۔۔۔۔۔۔۔۔۔۔ سیر کر رہے ہوں۔ حضرت امام زین العابدین علیہ السلام کی مدح میں ان کا معرکۃ الآرا قصیدہ قبولیت عام کے عطر سے آج تک مہک رہا ہے یہ اشعار ملاحظہ ہوں

خامشی میں یوں نظام جبر کو دی ہے شکست
حلم و تقویٰ تھے علم بردار زین العابدین
طشت میں دھودن کا ہر قطرہ بنا لعل و گہر
اللہ اللہ دست فیض آثار زین العابدین
اس پہ ہوتے ہیں ملائک اجبہ ساشام وسحر
عرش رفعت کیوں نہ ہو سرکار زین العابدین

یہ اشعار وہ ہیں جن کی لطافت خیال دلوں کو تڑپا دیتی ہے صرف ایک شرط ہے اور وہ اردو کے شعری مزاج سے باخبری یہ ایسے اشعار ہیں جن پر رگھوپتی سہائے فراق خوش ہو

کر کہا کرتے تھے یہ زوار عباس ہم لوگوں کا شاعر ہے۔

منقبت کے ساتھ نعتیہ قصائد بھی لکھے ہیں ان کا مندرجہ شعر سرکار دو عالم کی مدح میں ہے اور اہل دل کے لئے بارش انوار ہے کہتے ہیں۔

حبیب کے جمال میں خود اپنا جلوہ دیکھ کر
مصور جمال کا کمال مسکرا اٹھا

یہاں بندش کی چستی اور ترکیب کی حُسن اور الفاظ کے در وبست نے اک جہاں معنی کو خلق کیا ہے۔

کہیں کہیں ایسے قصائد ملتے ہیں جہاں اساتذہ کی زمین میں طبع آزمائی گئی ہے مثلاً امام حسن علیہ السلام کی مدح میں یہ قصیدہ کا یہ شعر بے اختیار سودا کی یاد دلاتا ہے۔

نظر افروز ہے حسن ازل کی جلوہ سامانی
کہاں جاتی ہیں لیکن دیدہ حیراں کی حیرانی

ان سب محاسن پر مستزاد یہ انہوں نے اپنے عہد کے شعری مزاج کی صالح اور صحت مند اقدار کو نظر انداز نہیں کیا انہیں یہ خیال رہا کہ وہ قدیم رنگ اپنی جگہ پر حَسین اور خوبصورت صحیح لیکن مذاق عصر نو کے تقاضوں سے صرف نظر ممکن نہیں ہے ان کی شاعری کا عروج اور اسی زمانہ میں اقبال، جوش کا بلند آہنگ کلام ترقی پسند تحریک کی صدائے احتجاج ہے۔ ادبی محفلوں میں معاصر شعراء کا ساتھ ان سب نے انہیں متاثر کیا اب قصائد کے یہ اشعار دیکھئے ایسا نہیں معلوم ہو گا کہ یہ کسی اور زمانہ کا نغمہ کہتی ہے بلکہ صاف معلوم ہوتا ہے کہ اپنے عصر کے تناظر میں۔۔۔۔۔۔۔۔۔۔۔۔۔۔۔۔۔۔۔۔۔۔۔۔۔۔۔۔۔۔

I نظر نظر حق آگہی قدم قدم بلندیاں

حسین تیری زندگی پیام انقلاب ہے

III نظروں میں اعتبار محبت بڑھا گئی

کس کی صدائے دل ہے کہ دنیا پہ چھاگئی

III اجل کو زندگی نو کا یہ خطاب آیا

سنبھل سنبھل کہ خداوند انقلاب آیا

IV رخ حیات پہ سرخی تازہ دوڑ گئی

حسین آئے کہ اسلام پر شباب آیا

ان اشعار میں اک ولولہ تازہ، زندگی کی تغیر پذیر اقدار کے لئے دعوت تفہیم ہے اور نور کو عالم آب و گل میں دیکھنے کی سعی مشکور ہے۔

زوار عباس صاحب مرحوم نے قصائد کی دنیا میں اک نئی جہت کی نشاندہی کی ہے ان کا کلام یہ سمجھتا ہے کہ چراغ ہنر اکر روشن ہوتا ہے تو پھر کبھی نہیں بجھتا وہ شاعری کے ایسے ہی روشن چراغ تھے جنہوں نے فانوس فکر کو محبت اہلبیت کے نور سے منور کیا ہو سکتا ہے زمانہ کا قرینہ بدل جائے ممکن ہے زبان کا یہ سفینہ نہ رہے امکان ہے کہ تہذیب و ادب کا یہ فریضہ بھی نہ رہے لیکن ان کے چراغوں میں جو روشنی ہے وہ باقی رہے گی اس لئے کہ یہ وہ روشنی ہے جو کسی علاقہ کی پابند نہیں، جو افق تا افق فضائے بسیط کو منور کرتی رہتی ہے۔

# دل آگاہ کا شاعر: اکبر الہ آبادی

آپ نے الہ آباد دیکھا ہے؟

یہ درست ہے کہ آزادی کے بعد اس شہر نے وزیر اعظم دیئے۔ یہ بھی حقیقت ہے کہ اس کا سنگم صرف گنگا جمنا کے وصال کا نام نہیں ہے بلکہ یہ شہر دلوں کا سنگم بھی ہے۔ جمنا تو بہت ساری جگہوں سے گزرتی ہے مگر جمنا کے ہونٹوں پر جس طرح الہ آباد میں غزل رقصاں نظر آتی ہے وہ شاید آگرہ میں ہو تو اور تو کہیں نہیں ہے! یہاں تو گنگا کی ہر بوند میں روایات کے سمندر نظر آتے ہیں۔ یہ شہر دل کی دھڑکنوں کا، علم کے نشے سے بوجھل آنکھوں کا، پر کیف انگڑائیوں کا شہر ہے۔

لیکن یہ شہر جو شہر گل عذاراں ہے اور جو نگارستان عیش ہے، وہیں اس شہر میں ایک ایسی سڑک ہے جس کے ہر ذرہ میں تاریخ لپٹی ہوئی ہے، سنار گاؤں سے پیشاور جانے والی شاہراہ اعظم چپ چاپ پڑی ہوئی تاریخ کے ستاروں کو طلوع و غروب ہوتے دیکھا کرتی ہے۔ وسط شہر میں اس کے کنارے داہنی طرف بہت بڑی سی مسجد ہے اور تھوڑا سا صلیبی زاویہ لئے ہوئے گرجا گھر ہے۔ مسجد کے سامنے کوتوالی ہے۔ گرجا گھر کے پاس نیم کا پیڑ اور لوک ناتھ کا تاریخی محلہ ہے۔

۱۸۵۷ء میں یہ سڑک شہیدان وطن کے خون سے لالہ زار بن گئی تھی۔ مہنگاؤں کے مولوی لیاقت علی، قاضی محسن علی اور اسی طرح کے بہت سے سورماؤں نے انگریزوں سے ٹکر لی تھی۔ ہاں وہ شہر جہاں خسرو باغ کا سبزہ شاداب تھا اور درخت پھلوں

سے لدے رہتے تھے۔ وہ شہر خون سے لالہ زار ہوا تھا اور درختوں پر بلند ہوتے ہوئے مجاہدوں کے سر نظر آئے جنہوں نے ایسے چراغ روشن کئے تھے، جن کی روشنی کو تاریخ بھی نہ دھندلا سکی۔

ایسے میں تصور کیجئے! بارہ تیرہ سال کا ایک لڑکا متوسط طبقہ کا! ان واقعات کے بارے میں سنتا ہوگا تو اس پر کیا کچھ نہ گزرتی ہوگی۔ کیا اس نے یہ نہ سوچا ہوگا کہ الہ آباد میں اکبر کا بنوایا ہوا قلعہ اور اب دھیرے دھیرے اس شہر کی تاریخ کا سہاگ چھن گیا ہے۔ وہ سر برہنہ اپنے ہی ملک میں اجنبی بن گئی ہے۔

یہ لڑکا اپنے ہم نام کو تو ضرور یاد کرتا ہوگا۔ ساتھ ہی ساتھ اس لٹی ہوئی بساط، اجڑی ہوئی محفل اور نفسیاتی طور پر کچلی ہوئی شخصیت کو یقیناً کچھ ہی دنوں بعد قفس کی تیلیاں نشیمن کے تنکوں سے زیادہ اچھی لگنے لگی ہوں گی۔

ایسے میں اگر کہیں پناہ مل سکتی تھی تو پھر شعر و نغمہ کی محفلوں میں ہی مل سکتی تھی اس لئے ادبی وراثت کے طور پر غزل کا جادو مسحور کرنے لگا۔ کوٹھوں پر رقص، گھنگھروؤں کی جھنکار، طبلوں کی تھاپ اور نازو انداز کے ساتھ سنائی جانے والی غزلیں گونجنے لگیں۔

شعر و سخن کا ماحول، روایات کی پاسداری، طبع موزوں۔ چنانچہ سترہ سال کی عمر میں غزل لکھی تو اس طرح کے شعر کہے

چشم عاشق سے گرے سخت دل بیتاب واشک

آپ یوں دیکھتے تماشا جان کر سیماب واشک

یہ قافیہ پیمائی یا فنی لوازم کی پابندی بہت دنوں تک ساتھ رہی۔ بائیں برس کے ہوئے تو ایسے شعر کہے

لکھا ہوا ہے جو رونا میرے مقدر میں
خیال تک نہیں جاتا کبھی ہنسی کی طرف

یہ شعر پڑھنے کے بعد ذرا اکبر کی بعد کی شعری زندگی کے ایک رخ کے بارے میں سوچئے۔ وہ جس کا خیال تک ہنسی کی طرف نہ جاتا تھا۔ زیادہ تر ہنستا ہی رہا اور دراصل اس کا سبب تھا۔

اعجاز صاحب بتاتے تھے کہ اکبر کا قد "فتنہ 'یعنی قلیل تھا، اس پر شکل و صورت کے اعتبار سے نہ صرف یہ کہ جاذبیت نہ تھی بلکہ کچھ بے ڈھنگے پن کیا احساس ہوتا تھا اس طرح کی شخصیت عموماً احساس کمتری کا شکار ہوتی ہے۔

یہ ذاتی احساس کمتری جب ماحول کے جبر سے ہم آہنگ ہوتا ہے تو کھیائی ہوئی شخصیت وجود میں آتی ہے۔ دراصل طنز، استہزاء اور تمسخر، کھسیاہٹ کی پیداوار ہیں۔ سیاسی طور پر ہندوستان کی صورتحال جو کچھ تھی وہ اپنی جگہ پر۔ تہذیبی طور پر اتنی زبردست یلغار ہوئی تھی کہ اپنے گھر کی کوئی چیز بچتی ہوئی نہیں دکھائی دے رہی تھی۔ ایسا لگتا تھا کہ جیسے اپنے گھر میں خود اجنبی ہو رہے ہیں۔ تہذیبی طور پر ایک حساس دل ویسی ہی کیفیت سے دوچار تھا۔ جیسی کیفیت اس لڑکے کی ہوتی ہے جو اپنے سے طاقتور سے پٹ جانے کے بعد اسے چونچ دکھا کر اپنے دل کی بھڑاس نکالتا ہے۔

اکبر کے یہاں بھی دراصل یہی کیفیت ہے، اسے طنز و مزاح نہیں اعلان بے بسی سمجھئے جو کھچلاہٹ اور کھسیاہٹ کا ردعمل ہے۔ چنانچہ اکبر کی شعری شخصیت کا وہ رخ جسے عرف عام میں طنزیہ و مزاحیہ شاعری کہا جاتا ہے۔ دراصل مغربی یلغار کو چونچ دکھانے کے مترادف تھا۔

اکبر بے حد ذہین اور حساس تھے۔ اپنی شعری روایات سے باخبر تھے۔ انہیں یقیناً یاد

رہا ہو گا کہ انشاء نے دوسری زبانوں خصوصاً انگریزی کے الفاظ کھپا کر صنعت ملمع کے سہارے سے ایک بے تکی شکل بنا کے گد گدایا ہے۔ اکبر نے بھی اپنے گرد و پیش سے اثر لیتے ہوئے نئی تیز روشنی میں بسورتے ہوئے، منھ بناتے ہوئے لیکن آنکھیں بند کر کے لفظی پتھراؤ شروع کر دیا۔

البتہ جب کبھی انہیں فرصت ملتی تھی وہ غزل کے آہوئے رم خوردہ سے گفتگو کر کے اپنی وحشت کم کر لیا کرتے تھے اور اسی وجہ سے ان کے اشعار کی نصف سے کچھ کم تعداد غزلوں کی ہے۔ ان کی غزلیں مشرق شعری روایات کی پاسدار ہیں لیکن کہیں کہیں ایک نیا راستہ بھی تلاش کرتی ہوئی نظر آتی ہیں۔ ان غزلوں میں بالکل نئی دنیا ہے۔ عشق کی دنیا اور یہ عشق حقیقی بھی ہے اور مجازی بھی۔ مجازی عشق میں کہیں کہیں تو یہ محسوس ہوتا ہے کہ ایسے ذاتی تجربات میں جو اشعار میں ڈھل گئے ہیں۔ یہاں وہ "مسٹر۔ سسٹر' والے اکبر نہیں ہیں بلکہ ایک معصوم صفت بھولے بھالے مگر "پورے' آدمی ہیں جو رنگینیوں پر پھسل جاتا ہے۔ انگڑائیوں سے جس کا بدن ٹوٹتا ہے جو کسی ندیدے بچے کی طرح مٹھائی دیکھ کر منھ بھی چلنے لگتا ہے اور موقع محل دیکھ کر مٹھائی پار بھی کر جاتا ہے۔ ان کے کلام کے اس رخ پر امیر و داغ کے اثرات ہیں، کسی حد تک ان کی بے حجابی ہے مگر ان کا پھوہڑ پن نہیں ہے۔ داغ و امیر کا عشق "بازیش' کچھ اس انداز میں بھی آتا ہے کہ شرافت "شر' اور "آفت' میں بدل جاتی ہے۔ شیخ اور واعظ میں یہی شرافت ہے۔ اس پر شوخ طنز دیکھئے

دل بھی کانپا ہونٹ بھی تھرانے، شرمایا بھی خوب
شیخ کو لیکن تیری مجلس میں پینا ہی پڑا

ناتجربہ کاری سے واعظ کی ہیں یہ باتیں

اس رنگ کو کیا جانے پوچھو تو کبھی پی ہے

جلیل مانک پوری نے میخانے کی دنیا بہت بعد میں اس انداز سے سجائی تھی جہاں توبہ شکنی بھی تھی اور بادل کا رنگ دیکھ کر نیت بھی بدل جاتی تھی۔

لیکن اکبر رنگ شراب سے ہی نیت بدل لیتے ہیں

رنگ شراب سے میری نیت بدل گئی

واعظ کی بات رہ گئی ساقی کی چل گئی

اور جب ذکر شراب ہے تو پھر شباب کے بھی تقاضے ہیں۔

نگاہ ناز بتاں پر نثار دل کو کیا

زمانہ دیکھ کے دشمن سے دوستی کر لی

بیان حور اور ذکر سلسبیل اس لئے بھی اچھا لگتا تھا کہ جوانی تھی اور عقیدہ عشرت امروز کا تھا۔ کبھی داغ کا رنگ ابھر آتا ہے تو کہتے ہیں

زبان و چشم بتاں کا نہ پوچھئے عالم

وہ شوخیوں کے لئے یہ نہیں حیا کے لئے

اکبر اس رنگ کے ساتھ غزل میں حسن مکالمہ کے قائل ہیں۔ مکالمہ ڈرامائیت تو پیدا کرتا ہی ہے، شاعر کے جذبات کو قاری کے بھی قریب لے آتا ہے، جو اشعار پیش کئے جا رہے ہیں ان میں یہ غور نہ کیجئے کہ شوخی، بے حجابی کی سرحدوں پر کھڑی ٹھٹھا لگا رہی ہے بلکہ صرف یہ سوچئے کہ جب دنیا جوان ہوتی ہے تو عشق کرنا ہی پڑتا ہے اور جب عشق ہوتا ہے تو کچھ اس طرح کی باتیں ہونے لگتی ہیں۔

"دل میں جو ہے وہ ہو گا شب وصل میں ضرور؟'

ہو گا حضور آپ کی شرم و حیا سے کیا

میں حال دل تمام شب ان سے کہا کیا
ہنگام صبح کہنے لگے کس ادا سے "کیا"
آپ کے سر کی قسم میرے سوا کوئی نہیں
بے تکلف آیئے کمرے میں تنہائی تو ہے

اکبر نے بھی غزل کی روایات کے مطابق بوسہ کو عشق کی منزلِ اولیں قرار دیا ہے ان کے یہاں بوسہ بے اذن، بوسہ بالجبر، بوسہ بارضا، بوسہ زلف، بوسہ رخ، بوسہ لب، بوسہ قدم ملتا ہے۔ بوسہ زلف کا ذکر کچھ زیادہ ہے۔ کچھ شعر ملاحظہ ہوں:

اس بت نے کہا بوسہ بے اذن پہ ہنس کر
بس دیکھ لیا آپ کا ایمان یہی ہے
کیوں زلف کا بوسہ مجھے لینے نہیں دیتے
کہتے ہیں کہ واللہ پریشاں نہ کریں گے

مطلب یہ ہے کہ تمہیں اپنی زلف کا بڑا خیال ہے کہ وہ برہم نہ ہو۔ وعدہ کیا جاتا ہے کہ بوسہ دو تو زلفیں پریشاں نہ ہونے پائیں گی۔ دراصل یہ بہت باسلیقہ بوسہ ہے کہ جس میں زلف پریشاں ہو۔ بوسہ کبھی اضطراری اور کبھی ارادی بھی ہوتا ہے، کبھی والہانہ ہوتا ہے۔ دراصل بوسہ اعتراف حُسن کا دوسرا نام ہے اکبر اس اہم نکتہ کو سمجھاتے ہیں۔

لیا ہم نے بوسہ رخ تو نہ بدگماں ہو اے جاں
کوئی پھول دیکھ لیتے تو اسے بھی پیار کرتے

پیار کی یہ کیفیت مزاج یار میں برہمی نہیں پیدا کرتی۔ مکالمہ کا لطف لیتے ہوئے ان اشعار پر بھی غور کیجئے

جو کہا میں نے کہ پیار آتا ہے مجھ کو تم پر

ہنس کے کہنے لگے اور آپ کو آتا کیا ہے
کہا جو میں نے کہ دل چاہتا ہے پیار کروں
تو مسکرا کے وہ کہنے لگے کہ "پیار کے بعد؟"
کچھ آج علاج دل بیمار تو کر لیں
اے جان جہاں آؤ ذرا پیار تو کر لیں

ان کے محبوب کے پاس کہیں بھی غصہ نہیں ہے بلکہ عموماً وہ ہنس کے ہی گفتگو کرتا ہے اور اس کا انداز یہ ہے

کس ناز سے کہتا ہے شب وصل وہ ظالم
برہم نہ کرے گیسوؤں کو پیار تمہارا

روایتی معاملہ بندی کے اشعار ان کے یہاں اکثر ملتے ہیں، ان میں فحاشی تو نہیں ہے لیکن پڑھیے تو زہد و تقویٰ کا بدن ٹوٹنے لگتا ہے۔ جذبات انگڑائیاں لینے لگتے ہیں۔

محروم ہی رہ جاتی ہے آغوش تمنا
شرم آ کے چرا لیتی ہے سارا بدن ان کا

یہ انبساطیت، یہ نشاطیہ رنگ، یہ انگڑائیوں اور بدن چرا لینے کا تذکرہ یا کچھ لوگوں کی زبان میں ارضیت اور جنسیت فراق صاحب سے بہت پہلے سے موجود تھی۔ اس کا سلسلہ تو محمد قلی سے شروع ہوا تھا۔ اکبر نے اس میدان میں بھی چونکا دیا تھا۔ اب یہ دوسری بات ہے کہ ان کے "مسٹر" اور "سسٹر" کے چکر میں ادھر نظر ہی نہیں گئی۔

انہیں اس کا احساس ہے کہ انسانی زندگی میں جنس ناگزیر حیثیت رکھتی ہے، اس سے کون بچ سکتا ہے! کہتے ہیں۔

موسیقی و شراب و جوانی و حُسن و ناز

بچتا ہے کون اور خدا بھی بچائے کیوں
ٹک ٹکی بندھ گئی ہے بوڑھوں کی
دیدنی ہے تیرے شباب کا رنگ
یہ عمر، یہ جمال یہ جادو بھری نگاہ
پھر واعظوں کا اس پر یہ کہنا کہ "بازرہ'
اکبر یہ جانتے ہیں کہ
بوس و کنار و وصل حسیناں ہے خوب شغل
کمتر بزرگ ہوں گے خلاف اس خیال کے

ضمناً یہ عرض کرنے کو دل چاہتا ہے کہ عہد اکبری کے بزرگ یقیناً اس خیال کے خلاف نہ تھے۔

حالانکہ دور حاضر کے بزرگان جدید پیار کے خلاف فتویٰ دیتے ہیں، آج کے شاعر سے نئے

بھول کر اپنا زمانہ یہ بزرگان جدید
آج کے پیار کو معیوب سمجھتے ہوں گے

اکبر اس سے باخبر ہیں کہ جوانی جب بھی آتی ہے بدنامی بردوش آتی ہے۔

خوب جی بھر کے ہو لئے بدنام
حق ادا کر دیا جوانی کا

غزل کا یہ تیز معاملہ بندی والا انداز ہی ان کے یہاں نہیں ہے بلکہ انہوں نے غزل کی روایات اور ان کے ان تلازموں کو بھی برتا ہے جن میں معنویت، تہہ داری اور کہیں کہیں نازک خیالی بھی نظر آتی ہے۔ ان کے اکثر اشعار پر غالب کا گہرا اثر ہے۔ کہیں کہیں

تو یہ معلوم ہوتا ہے کہ غالب کا کلام سامنے رکھ کر لکھا ہے۔

عشق میں حُسن بتاں وجہ تسلی نہ ہوا
لفظ چمکا مگر آئینہ معنیٰ نہ ہوا

اور کہیں بھونڈی تقلید بھی ملتی ہے، کہتے ہیں

تو کہئے اگر وقعت عاشق نہیں دل میں
یے کون سی سیکھی ہے زباں آپ نے "تیں' کی

یہ لفظ "تیں' اپنی خالص الہ آبادیت کے ساتھ محبوب کے ارزل ہونے کا پتہ دیتا ہے اور غالب بیچارے "تو' ہی پر کبیدہ خاطر تھے۔ اکبر "تو' پر راضی ہیں۔ "تیں' پر برہم! محبوب اس سے بھی گیا گزرا ہے۔

غالب کی مشہور زمین "حال اچھا ہے' میں بھی طبع آزمائی کی ہے اور کچھ اشعار لکھے ہیں۔ لیکن غالب کا اثر ان کی غزلوں میں شوخی، ظرافت اور مکالمہ کے انداز میں جھلکتا ہے۔ یہ شعر دیکھئے۔

کبھی لرزتا ہوں کفر سے میں کبھی ہوں قربان بھولے پن پر
خدا کا دیتا ہوں واسطہ جب تو پوچھتا ہے وہ بت "خدا کیا'

کبھی غالب کا وہ گاڑھا رنگ بھی اپنانے کی کوشش کرتے ہیں جو ذہن کو ہچکولے دیتا ہے

خدا بنتا تا مقصد اس لئے مشکل یہ پیش آئی
نہ کھنچتا دار پر ثابت اگر کرتا خدا ہونا

"ہونا' اور "بننا' میں جو نازک فرق ہے۔ وہ غالب کی ہی دین ہے اور اب غالب ہی کے رنگ میں یہ ضرب المثل شعر سنئے

ذہن میں جو گھر گیا لا انتہاء کیوں کر ہوا
جو سمجھ میں آگیا پھر وہ خدا کیوں کر ہوا

غالب کا مشہور قطعہ "اے تازہ وار دان بساط ہوائے دل' ذہن میں رکھئے اور اب یہ شعر پڑھئے

نہ وہ احباب نہ وہ لوگ، نہ وہ بزم طرب
صبح دم وہ اثر جلسہ شب کچھ بھی نہیں

اکبر اپنے بہت ہی کم عمر ہم عصر اقبال سے بے حد متاثر تھے چنانچہ اکثر اقبال کا انداز بھی اپنانے کی کوشش کی ہے

یہ عشق ہی ہے کہ منزل ہے جس کی الا اللہ
خرد نے صرف رہ لا الہ پائی ہے

عارضی ہیں موسم گل کی یہ ساری مستیاں
لالہ گلشن میں اگر ساغر بدوش آیا تو کیا

لیکن غالب اور اقبال ان کے بس کی بات نہیں تھے اس لئے انہوں نے اس رنگ کو اپنایا نہیں، ترک کیا اور غزل کی وہ روایات جو انہیں وراثت میں ملی تھیں اسے ہی آگے بڑھاتے ہوئے اس طرح کے شعر کہے

کرتی ہے بے خودی یہ سوز دروں کو ظاہر
اے شمع ہم تو عاشق تیری زبان پر ہیں

زندگانی کا مزا دل کا سہارا نہ رہا۔۔ ہم کسی کے نہ رہے کوئی ہمارا نہ دہا

یہ اسے کرتی ہے روشن وہ مٹاتا ہے اسے
رات سے پوچھو کہ بہتر شمع ہے یا آفتاب

کبھی کبھی ایسے معرکہ شعر بھی مل جاتے ہیں۔

عشق نازک مزاج ہے بے حد۔۔۔ عقل کا بوجھ اٹھا نہیں سکتا

غزلوں میں سہل ممتنع کا انداز بھی جھلکتا ہے

اب کہاں اگلے سے وہ راز و نیاز
مل گئے، صاحب سلامت ہو گئی

ہمیں تو آٹھ پہر رہتی ہے تمہاری یاد
کبھی تمہیں بھی ہمارا خیال آتا ہے؟

مسرت ہوئی ہنس لئے وہ گھڑی
مصیبت پڑی رو کے چپ ہو لیے

اکبر نے اس عہد کے شعری مزاج کے مطابق مشکل قوافی میں بھی اچھے شعر نکالے ہیں۔

یوں خیال گل رخاں میں ہے منور داغ دل
جل رہا ہو جس طرح پھولوں کی چادر میں چراغ

موضوع کے اعتبار سے ان کا ایک رخ معاملہ بندی کا تھا، تو دوسرا رخ تصوف ہے۔
دراصل بنیادی چیز اپنے جذبے، عقیدے یا عشق سے وفاداری ہے، عرفان یا بصیرت عطا کرنے والا جذبہ ہے، وہ تصوف کو عرفان اور بصیرت و آگہی کا ایک ذریعہ سمجھتے تھے اس شعر سے ان کے نظریہ عشق پر روشنی پڑتی ہے۔

عجیب نسخۂ عرفاں دیا تصوف نے
کہ نشہ تیز ہوا اور شراب چھوٹ گئی

عقل زاہد، عشق صوفی میں بس اتنا فرق ہے

اس کو خوف آخرت ہے اس کو ذوق آخرت

خوف و ذوق کے لطیف رشتے پر جس انداز سے اکبر نے روشنی ڈالی ہے وہ بس انہیں کا حصہ ہے۔ انہوں نے تصوف سے اسی ذوق و عرفان کا اکتساب کیا ہے اس لئے ان کا تصور اخلاق، روایتی اخلاق سے الگ ہے۔ وہ بے ثباتی دنیا کا تذکرہ اس انداز سے کرتے ہیں۔

ایک ساعت کی یہاں کہہ نہیں سکتا کوئی۔۔۔ یہ بھلا کون بتائے تمہیں کل کیا ہو گا

لیکن وہ اس بے ثباتی کے ساتھ مجہولیت کے قائل نہیں ہیں، فعالیت کے قدر دان ہیں، ان کی اخلاقیات حالی طرح جذبے سے بے نیاز نہیں ہے بلکہ اقبال کی طرح بے چینی اور تڑپ پیدا کرنے والی ہے۔ وہ جہد و عمل کی تحریک دیتے ہیں اور بصیرت و آگہی کو سرمایۂ حیات سمجھتے ہیں۔ ان اشعار کے سحر جلال کو اکبر کی اخلاقیات کا مصحف کہنا چاہئے۔

سینے میں دل آگاہ جو ہو کچھ غم نہ کرو ناشاد سہی
بیدار تو ہے مشغول تو ہے نغمہ نہ سہی فریاد سہی
ہر چند بگولہ مضطر ہے اک جوش تو اس کے اندر ہے
اک وجہ تو ہے، اک رقص تو ہے بے چین سہی برباد سہی
وہ خوش کہ کروں گا قتل اسے یا قید قبض میں رکھوں گا
میں خوش کہ طالب تو ہے مرا صیاد سہی جلاد سہی

وہ گفتار کا غازی بننے پر زور نہیں دیتے بلکہ کردار کا غازی بنانا چاہتے ہیں۔ تقریر نہیں تاثیر کے قائل ہیں۔ شعر دیکھئے

باطن میں ابھر کر ضبط فغاں لے اپنی نظر سے کارزیاں
دل جوش میں لا فریاد نہ کر تاثیر دکھا تقریر نہ کر

دل آگاہ کا یہ شاعر ہر قیمت پر یہ چاہتا ہے کہ شمع بصیرت نہ بجھنے پائے وہ زمانے کے رنگ میں ڈھلنے کے قائل نہیں ہیں بلکہ تہذیب نفس کے قائل ہیں وہ کہتے ہیں۔

بدل گئی ہوں ہوائیں تو روک دل کی ترنگ

نہ پی شراب اگر موسم بہار نہ ہو

اہل نظر سے یہ بات پوشیدہ نہیں ہے کہ موسم بہار اگر نہیں ہے اور شراب اگر نہ پینے پر زور ہے تو اس کا مفہوم یہ ہے کہ پہلے بہار پیدا کی جائے تب شراب پی جائے۔

ان کی شاعری کا یہ رخ بھی قابل توجہ ہے کہ وہ سفلہ پروری، زمانہ سازی، موقع پرستی، کم نظری برداشت نہیں کر پاتے۔ دل آگاہ کا شاعر یہ کہنے پر مجبور ہوتا ہے۔

کم بضاعت کو جو اک ذرہ بھی ہوتا ہے فروغ۔۔۔ خود نمائی کو وہ اڑ چلتا ہے جگنو کی طرح

وہ کتنی خوبصورتی سے کہتے ہیں

معذور ہوں میں حضرت کو اگر مجھ سے ہو گلا بیباکی کا

نیکی کا ادب تو آساں ہے مشکل ہے ادب چالاکی کا

اس دور میں اشراف پر جو گزر رہی تھی اس کا ایک رخ ملاحظہ ہو

ادھر وہی طبع کی نزاکت ادھر زمانے کی آنکھ بدلی

بڑی مصیبت شریف کو ہے امیر ہو کر غریب ہونا

یہ شعر پڑھیے تو ایسا لگتا ہے کہ دور حاضر میں بیٹھا ہوا یہ درد مند بوڑھا ایٹمی توانائی کے اس دور کا سچا نقشہ کھینچ رہا ہے۔

لاکھوں کو مٹا کر جو ہزاروں کو ابھارے

اس کو تو میں دنیا کی ترقی نہ کہوں گا

اور انقلاب کے شائقین کے لئے اور دور حاضر کے ایک المناک بین الاقوامی سیاسی حادثے پر اکبر کی پیشن گوئی بھی ملاحظہ ہو۔

ہم انقلاب کے شائق نہیں زمانے میں
کہ انقلاب کو بھی انقلاب ہی دیکھا

ان اشعار کے خوش رنگ گلستاں میں وہ جو زندگی بھر اپنی بدصورتی کے ساتھ سارے زمانے کو ہنساتا رہا، اب ذرا اس کا درد و کرب بھی دیکھ لیجئے اس کی اپنی ذاتی زندگی میں ۱۹۱۰ء میں اہلیہ کا صدمہ، ہاشم کی موت، ساری زندگی کی دربدری، مدخولہ، گورنمنٹ ہونے کی وجہ سے شدید گھٹن اور ان سے بڑھ کر تنہائی کا احساس، دوستوں کا ساتھ چھوڑ جانا، اپنے ہی وطن میں رہ کر اجنبی کی طرح زندگی گزارنا۔ غرض کہ درد و کرب کی دنیا ہے جو اس ستم ظریف شاعر کے یہاں نظر آتی ہے، کہتے ہیں۔

اس انقلاب پر جو میں روؤں تو ہے بجا
مجھ کو وطن میں اب کوئی پہچانتا نہیں
وہ مرے پیش نظر تھے فلک نہ دیکھ سکا
چھٹے تو پھر میں انہیں آج تک نہ دیکھ سکا
سیر غربت کوئی جلسہ جو دکھا دیتی ہے
یاد احباب وطن مجھ کو رلا دیتی ہے
خبر ملتی نہیں مجھ کو کچھ یاران گذشتہ کی
خدا جانے کہاں ہیں کس طرح ہیں کیا گزرتی ہے

اور اب یہ شعر ہر ڈھلتی ہوئی عمر کے آدمی کا المیہ بن جاتا ہے

اب جسم میں باقی ہے مسرت کا لہو کم

احباب میں مرحوم بہت "سلمہ اکم

اور اس شعر کے درد کو دیکھئے

بزم عشرت کہیں ہوتی ہے تو رو دیتا ہوں

کوئی گزری ہوئی محبت مجھے یاد آتی ہے

دل آگاہ کا یہ شاعر غزل میں نشاطیہ شاعری کا وہ رخ پیش کرتا ہے جو ذہنی عیاشی نہیں ہے بلکہ اس میں حقیقی تجربہ بھی جھلکتا ہے۔ ان اشعار میں ایک انسان کے دل کی دھڑکنیں سنائی دیتی ہیں۔ آج بھی یہ انسان اصطلاحوں کے جنگل میں ثقیل الفاظ کے پتھروں سے سنگ سار ہو رہا ہے۔ وہ جو ایک شاعر ہے نرم و نازک جذبات و احساسات والا، دل آگاہ کا شاعر۔ اور اس پر پتھر برسائے جارہے ہیں کہ یہ شاعر نہیں مصلح قوم ہے، معمار قوم ہے، تہذیبی محرکات کا اداشناس ہے۔ کوئی اسے ترقی پسند کہتا ہے، کوئی رجعت پسند، کوئی حقیقت پسند اور وہ ان پتھروں کے نیچے کراہتے ہوئے کہتا ہے

"ہم آہ بھی کرتے ہیں تو ہو جاتے ہیں بدنام

وہ قتل بھی کرتے ہیں تو چرچا نہیں ہوتا"

اس کی آہ تو سن لیجئے! دل آگاہ کا یہ شاعر جب آہ کرتا ہے تو یہ چاہتا ہے کہ اسے شاعر کی حیثیت سے دیکھا جائے، اس کی شناخت اور پہچان ایک ایسے انسان کی بھی ہو جو شخصیت پر پڑے ہوئے سارے غلاف ہٹا کر اپنی ذات کا درد و کرب سنانا چاہتا تھا۔

بے شک اس نے ہنسایا ہے لیکن اس ہنسی کے پس منظر میں اس کی آہ بھی شامل ہے۔ دراصل ذرا غور کیجئے تو یہ محسوس ہو گا کہ اکثر جسے ہم قہقہہ سمجھتے ہیں وہ صرف آہ ہوتی ہے!

اس کے مجلسی تبسم پر نہ جایئے۔ اس کی روح کی حقیقت اس کے آنسوؤں میں دیکھئے

!

روشنی کا مسافر

زندگی جن کے تصور سے جلا پاتی تھی
ہائے کیا لوگ تھے جو دام اجل میں آئے

چالیس برس گزر گئے

اکبر پور میں سالانہ مجالس ہوتی تھیں۔ اس کے روح رواں چودھری سبط محمد نقوی صاحب تھے۔ حالانکہ تمام تنظیمی امور اور مہمانوں کی تواضع و تکریم کے فرائض انور صاحب انجام دے رہے تھے ہم لوگ اکبر پور ہی سے بڑے گاؤں آئے تھے اور کار میں فخر العلماء، مرزا محمد عالم صاحب مرحوم بھی تھے اور انھوں نے راستے میں چودھری صاحب کے سلسلے میں بہت سی باتیں بتائی تھیں۔

ایک بار وہ الہ آباد بھی تشریف لائے تھے اور بھیا صاحب (عباس حسینی مرحوم) کے مہمان رہے۔ پھر ایک طویل وقفہ گزر گیا مجھے شرف نیاز حاصل نہ ہو سکا۔ میں حیدر آباد چلا گیا تھا وہاں سے مارچ ۱۹۸۷ء میں عزیز محترم کاظم علی خاں صاحب کی دعوت پر یو. جی سی کی طرف سے منعقدہ سمینار لکھنو آنا ہوا۔ اسی سمینار میں ایک فاضل پروفیسر نے جو بہت ہی نستعلیق لباس میں تھے، اودھ کی تہذیب سے متعلق کچھ غیر ذمہ دارانہ فقرے کہے۔ وہ اپنی بات پوری بھی نہ کر پائے تھے کہ حاضرین میں پچھلی نشست سے مخالفت میں ایک آواز ابھری۔

یہ صاحب کھدر پوش تھے اور وضع قطع سے یہ معلوم ہوتا تھا کہ شاید پروفیسر موصوف کی بات نہ سمجھ پائے ہوں لیکن علمی ولسانی گرفت کے ساتھ انھوں نے اتنی بے تکلفی سے حوالے دینے شروع کئے معلوم ہوتا تھا کہ کتابیں نظروں کے سامنے ہیں اوراق

الٹتے جارہے ہیں اور پڑھ رہے ہیں، پروفیسر موصوف نے بڑی کوشش کی کہ کہیں سے راہ فراز نکل سکے مگر ممکن نہ ہوا۔ یہاں تک کہ انھوں نے اپنی غلطی تسلیم کرلی۔

دوسرے سیشن میں مجھے مرزا دبیر پر مقالہ پیش کرنا تھا، صدارت چودھری سبط محمد کر رہے تھے یعنی وہ شخص جس نے تھوڑی دیر قبل اپنے علی تیشہ تیز سے ایک فاضل، مغرب سے مرعوب پروفیسر کی دانش وری پر ضرب کاری لگائی تھی حقیقت یہ ہے کہ پچھلے ماحول میں سہما ہوا تھا، آواز میں لرزش تھی مجھ سے پہلے قمر احسن صاحب مرزا دبیر کے مرثیے

اے شمس و قمر نور کی محفل ہے یہ محفل

کا عالمانہ مگر انتہائی دلچسپ شاعرانہ انداز میں تجزیہ پیش کر چکے تھے۔ میں نے جب مضمون ختم کیا تو اسی کے بعد صدارتی ارشادات تھے۔ چودھری صاحب نے بڑی پذیرائی کی تھی اور توصیفی کلمات سے نوازا تھا جلسہ کے بعد میرے کندھے پر ہاتھ رکھ کر فرمایا تھا کہ لوگ فیشن کے طور پر علامہ شبلی کی مخالفت کرتے ہیں یہ مثبت رویہ نہیں ہے، دبیر کی صناعی اور ان کے یہاں واقعات کی اہمیت اور موسیقی پر ان کی گرفت، ان کا بیانیہ انداز اور مصائب میں نئے رخ پیدا کرنا، یہ وہ پہلو تھے جن کا میں نے ذکر بھی کیا اور جو مجھے پسند آئے اور میں یہ چاہتا ہوں کہ آپ مرزا دبیر صاحب مرحوم و مغفور پر ایک اچھی سی کتاب لکھیں، انھیں میر انیس سے الگ کر کے دیکھیں'

میں نے آداب کیا، شکریہ ادا کیا اور اگر انھوں نے اتنی توصیف نہ کی ہوتی تو شاید دبیر پر قلم اٹھانے کی جرأت نہ ہوئی ہوتی مگر اس توصیف کے بعد یہ دھڑکا تھا کہ میں کم از کم ان کی توقعات پر کھرا نہ اتروں گا۔

پھر ایک طویل وقفہ میرے اور ان کے درمیان حائل رہا جب امجد سلمہ، نیا دور کے

ایڈیٹر منتخب ہوئے اور مجھے ۱۹۹۴ء سے تقریباً ہر دوسرے تیسرے مہینہ لکھنو جانا پڑا تو جن لوگوں کو امجد سلمہ کا سرپرست بنایا تھا ان میں چودھری صاحب بھی تھے۔ وہ صبح کے ناشتہ پر تشریف لائے۔ امجد سلمہ نے نیا دور کے کسی نمبر کیلیئے ان سے فرمائش کی۔ ناشتہ کا اہتمام تھا وہ مجھ سے گفتگو کرتے جاتے تھے۔ ساتھ ہی مجد سلمہ کی طرف استفہامیہ انداز میں دیکھ رہے تھے۔ پھر فرمایا" میاں آپ نے کچھ لکھا ہے' امجد سلمہ نے تین چار صفحے لکھے تھے میں نے کہا" بہ نظر اصلاح ملاحظہ فرمائیں اور بچے کی سرپرستی فرمائیں'

کہنے لگے " آپ نے دیکھ لیا ہے'

میں نے کہا" جائے استاد خالیست'

انھوں نے اس پر کوئی تبصرہ نہیں کیا دیکھتے گئے، جا بجا نشان بھی لگائے پھر واپس کرتے ہوئے کہا" مشق جاری رکھئے صلاحیت ہے' امجد سلمہ، اندرون خانہ گئے تو مجھ سے ارشاد فرمایا" سلمہ ماشاالله باصلاحیت ہے اور اس کے روشن مستقبل کیلیئے دعا گو بھی ہوں، خدا نظر بد سے بچائے، کیوں نہ ہو کس خانوادے سے تعلق رکھتا ہے، پھر انھوں نے امجد سلمہ کے نانا سرکار امجد حسین مرحوم مجتہد العصر کے محامد و محاسن اور علمی جلالت پر اس طرح روشنی ڈالی جیسے وہ بھی اسی خانوادے سے تعلق رکھتے ہوں۔

میں نے عرض کیا" میرا دعویٰ ہے کہ امجد سلمہ، تو کیا، ان اطراف کے بہت سارے بزرگ حضرات بھی سرکار موصوف کے بارے میں اتنی معلومات نہ رکھتے ہوں گے'

کہنے لگے " میں نے سلطان المدارس سے صدر الافاضل کیا ہے اور علماء کا خادم رہا ہوں، انھیں کا فیض صحبت ہے میرا خیال ہے کہ سرکار امجد حسین اعلی اللہ مقامہٗ ان چند علماء میں تھے جن پر مجتہد مطلق کا اطلاق ہو سکتا تھا'۔

اسی گفتگو میں یہ بھی معلوم ہوا کہ موصوف علامہ ذیشان حیدر جوادی کے بھی معترف و مداح ہیں اور مولانا غلام حسین سے بھی روابط ہیں۔

اس ملاقات کے بعد اکثر و بیشتر ان کی خدمت میں حاضری دیا کرتا تھا ان کا انکسار، ان کی سادگی، ان کی جلالت علمی اور ان کی وسیع النظری بے حد متاثر کن تھی وہ اودھ کی تہذیب کے دلدادہ تھے، شیدائی تھے بلکہ فدائی تھے۔ عام طور سے بطور فیشن لوگ اودھ کی تہذیب پر قلم اٹھاتے ہیں تو انھیں "امراؤ جان ادا' یا نجم الغنی کی تاریخ اودھ کے کچھ حصے یا واجد علی شاہ کی زندگی کا ایک رخ یاد رہ جاتا ہے۔

نقوی صاحب اس پر بہت برہم ہوتے تھے چنانچہ محترم محقق رشید حسن خاں نے مثنویات شوق میں مقدمہ کے طور پر کچھ ایسا ہی رخ اختیار کیا جو چودھری صاحب کیلیئے سخت ناپسندیدہ تھا میں نے اس خیال سے بھی رشید حسن خاں صاحب کی حمایت کی کہ چودھری صاحب کے قیمتی خیالات سے تفصیل و شرح وبسط کے ساتھ آگہی ہوسکے گی انھوں نے خود ہی ذکر چھیڑا اس لئے کہ اسی زمانے میں خان صاحب کی مرتبہ باغ و بہار اور گلزار نسیم پر تبصرہ شائع ہوا تھا جس میں ان کی توصیف کی تھی چودھری صاحب کہنے لگے "یہ دیکھیئے! آپ نے اتنی تعریف کی ہے یہ بھی اودھ کی تہذیب کے بارے میں وہی لکھ رہے ہیں جو بطور فیشن لوگ لکھتے آئے ہیں بغیر سوچے سمجھے، بغیر پڑھے لکھے، جزو پر کل کا اطلاق کرنا اور غیر منطقی انداز فکر'

میں نے عرض کیا" وہ تو درست ہے لیکن شوق کے جو اشعار یا امراؤ جان کا جو بیان ہے۔۔۔'

"میاں! کیا ستم ہے کہ آپ لوگ یہ دو کتابیں تو یاد رکھیں سات سو مرثیے بھول جائیں، علماء، فرنگی محل کو نظر انداز کر دیں، خاندان اجتہاد کی طرف سے منھ موڑ لیں، فسا

نہ عجائب میں سرور نے ہر فن کے ماہرین کی جو فہرست دی ہے اسے بھلا دیں اور بس طوطے کی طرح سے رٹتے رہیں زوال آمادہ تہذیب'۔۔۔ لکھنو میں عیاشی تھی، طوائفوں کی کثرت تھی، واجد علی شاہ کی تین سو ممتوعات تھیں میں عرض کرتا ہوں آپ سے! کس دور کے معاشرہ میں عیاش افراد نہیں رہے؟ ایک یا دو یا کچھ اشخاص کی بنیاد پر پورے معاشرے کا فیصلہ کرنا کہاں تک جائز ہے؟ اس شریف آدمی نے کم از کم عورتوں کو کوئی سماجی حیثیت تو دی تھی ایک مسلکی حیثیت انھیں حاصل تھی۔ تنور میں ڈال کر جلاتا تو نہیں تھا ان کا احترام تو کرتا تھا۔ آج کیا ہو رہا ہے۔

میں نے عرض کیا

"جو غلط ہے وہ کل بھی غلط تھا آج بھی غلط ہے اور آئندہ بھی رہے گا'۔

کہنے لگے "ڈاکٹر صاحب اس نکتہ پر آپ سے متفق ہوں لیکن ایک فرد یا کچھ افراد پر پورے معاشرے کو تو مت تولیے یہ کتنا غلط فیصلہ ہو گا یہ تاریخ کے ساتھ کتنی بڑی بد دیانتی ہو گی۔ آپ اپنے دوست کے خلاف قلم اٹھایئے میں نے جو کچھ کہا ہے کہ اس پر ایمان داری سے غور کیجئے'

میں ان سے متفق تھا لیکن اپنے حالات کی وجہ سے نہیں لکھ سکا، نیر مسعود سے کہا اور لکھوایا، ظاہر ہے نیر مسعود سے بہتر اودھ کی تہذیب پر فی الحال کون لکھ سکتا ہے۔

چودھری صاحب سیاسی طور پر ڈاکٹر رام منوہر لوہیا کے ساتھیوں میں تھے۔ لوہیا صاحب اکبر پور سے تھوڑے فاصلے پر شہداد پور کے رہنے والے تھے اتر پردیش کے موجودہ وزیر اعلی چودھری صاحب کا بڑا احترام کرتے تھے۔ چودھری صاحب اگر چاہتے تو انھیں مال ایونیو پر بہت شان دار بنگلہ مل تھا لیکن انھوں نے اپنی رہائش گاہ امام باڑہ غفران مآب کا ایک کمرہ منتخب کیا وہیں بیٹھے یا پڑھتے رہتے تھے یا لکھتے رہتے تھے میں نے

ہمیشہ انھیں سفید لباس میں دیکھا ایک وضع۔ اور اس کو انھوں نے آخر تک نبھایا۔ سردیوں میں البتہ موٹی سی اونی چادر کاندھے پر رہتی کبھی کبھی کرتا بھی زیب تن فرماتے تھے۔ عموماً تقریبات میں شرکت فرماتے تھے الگ تھلگ زندگی پسندیدہ نہ تھی مگر ایک مخصوص دائرے میں ہمیشہ کنول کے پھول کی طرح رہے یعنی سطح آب کے اوپر اور پانی سے غیر آلودہ۔

وہ وحدت کے علمبردار تھے اتحاد کی یہ تمنا اور تڑپ ملکی سطح پر بھی اور مسلکی سطح پر بھی یوں تو ان کے تعلقات سبھی سے تھے مگر علماء فرماتے محل سے ان کے بہت زیادہ روابط تھے ان کے انتقال کا صدمہ حضرت عمر انصاری کو بے حد ہوا جس کا اندازہ ان کے اشعار سے لگایا جاسکتا ہے جو اس شمارہ میں موجود ہیں۔

نقوی صاحب کے مضامین بے شمار ہیں "نیا دور' کے وہ خصوصی میں تھے۔ اودھ آئینہ ایام میں ان کا مضمون " اودھ کے ممتاز علماء " تحقیق نوادرات میں سے ہے اس مضمون کے دوسرے حصہ میں وہ علماء خیر آباد اور علمائے کاکوری کا ذکر کرنے والے تھے۔ ان کا دوسرا مضمون "نیا دور" ادارت کار' نصف صدی نمبر میں شائع ہوا تھا۔ یادگار آزادی نمبر میں " اردو کے پچاس سال' کے عنوان سے تحقیقی مضمون شائع ہوا تھا اس کے حلال بے شمار مضامین ہیں جنہیں کتابی شکل وصورت میں یکجا کر کے مرتب کیا جانا چاہیے اور اس ادبی اثاثہ کو محفوظ کرنا چاہئے توازن فکر، مدلل عالمانہ انداز، موضوع سے بے ربط نہ ہونا، انتشار فکر سے اپنے کو بچانا اور نہایت سیلس زبان کا استعمال ان کی خصوصیات تھیں۔ امجد علی شاہ پر بھی ان کی ایک کتاب ہے۔

یہاں تک لکھنے کے بعد انگریزی کی ایک کہاوت یاد آرہی ہے۔ " Last but not the least' اور وہ ہے ان کی مراسلہ نگاری، اردو ہندی کیا چیز ہے انگریزی میں بھی اس

طرح مستقل مراسلہ لکھنے والا کوئی نظر نہیں آتا وہ اس فن کے موجد بھی اور یہ لکھوں تو غلط نہ ہوگا کہ خاتم بھی تھے۔ مراسلے دراصل خبروں اور ان کے متعلقات پر تبصرہ ہوتے ہیں۔

نقوی صاحب کا معمول تھا کہیں کسی خبر یا کسی کی تحریر میں بے تکا پن نظر آیا اور ان کا قلم شمشیر بکف بلند ہوا اس معاملہ میں کوئی مروت نہ تھی ایک بار میری بھی نظر چوک گئی ایک صاحب نے اعتراض کیا میں نے سکوت اختیار کر لیا۔ چودھری صاحب نے بلا تکلف میری اس غلطی کی نشاندہی بھی کی اور دلائل سے غلطی ثابت کی دوسرے روز میرا مراسلہ "قومی آواز' میں شائع ہوا جس میں "سہو نظر 'کا اعتراف کر لیا گیا تھا۔ چودھری صاحب نے اس اعتراف کی قدر و توصیف کی۔

وہ عبداللہ ناصر حسین امین، شاہ نواز قریشی اور احمد ابراہیم علوی وغیرہ کی تحریروں میں توازن، جرأت اور استدلال کے مداح تھے ان کی مراسلہ نگاری اپنے میں ایک فن تھی اور اگر ان سب کو مرتب کر کے شائع کیا جائے تو ایک اچھی خاصی ضخیم کتاب بن سکتی ہے جب سے قومی آواز بند ہوا ان کی مراسلہ نگاری کی تیز رفتاری میں بھی بتدریج کمی آتی گئی۔

مجھے اعتراف ہے کہ ان کی ہمہ جہت شخصیت کے بہت سارے گوشے تشنہ رہ گئے لیکن یقین ہے کہ ان کے مضامین کا مجموعہ مرتب کیا جائے گا اور اس میں ان کی حیات اور خدمات پر مضامین اکٹھا کئے جائیں گے تو ان میں اگر مجھے موقع دیا گیا تو ان کی بے نظیر شخصیت کے اور بہت سے گوشے پیش کرنے کی سعادت حاصل کروں گا۔ ان کے اٹھ جانے سے ایسا محسوس ہوتا ہے جیسے اب وہ روشنی فکر کہیں گم ہو گئی ہے بے اختیار قلم لکھتا ہے کہ:

اک دھوپ تھی کہ ساتھ گئی آفتاب کے۔

# آزاد کی انشائیہ نگاری

مولانا محمد حسین آزاد حالانکہ ان کا ادبی پس منظر عربی و فارسی کا تھا لیکن جہاں تک ان کی انشائیہ نگاری کا تعلق ہے اس میں شک نہیں کہ ان کے پیش نظر انگریزی کے Personal essay بھی رہے ہوں گے۔

آزاد کی ہشت پہلو ادبی شخصیت میں تذکرہ نگاری، ادبی تحقیق و تاریخ سبھی شامل ہیں اور پھر بچوں کیلئے ان کی درسی کتابیں ان کی شاعرانہ شخصیت، آب حیات، دربار اکبری، قصص ہند، سخندان فارس اور وہ کتابیں بھی ہیں جب وہ قدرے ہوش سے آزاد ہو چکے تھے ان میں سیاک و نماک جیسی کتاب بھی ہے جو تقریباً نا قابل فہم ہے۔ وہ اردو ادب کی منفرد شخصیتیں جنہوں نے شاعری کو ایک نئی جہت دی ان کی شاعری میں بھی رمزیہ اور تمثیلی انداز نظر آتا ہے چنانچہ ان کی مثنوی صبح امید اور خواب امن میں رزمیہ اور تمثیلی پہلو نمایاں ہیں۔

نیرنگ خیال ان کے انشائیوں کا مجموعہ ہے جس کے دو حصے ہیں۔ حصہ اول میں آٹھ اور حصہ دوم میں پانچ انشایئے ہیں۔ ابتداء میں دیباچہ اور "اردو اور انگریزی انشاء پردازی پر کچھ خیالات' کے عنوان سے ان کا ایک مضمون شامل ہے یہ مضمون نیرنگ خیال کی اشاعت سے چار سال قبل یعنی ۱۸۷۶ء میں انجمن مفید عام کے رسالے میں شائع ہوا۔ اس مضمون سے آزاد کے اسلوب اور ادبی نظریات کا اندازہ ہوتا ہے کے انشائیہ شاید ترجمہ نہ کئے جائیں لیکن اس میں دورائے نہیں کہ یہ انگریزی سے مستفاد ہیں۔ دیباچہ میں

وہ خود لکھتے ہیں کہ:

" اے جوہر زبان کے پرکھنے والوں، میں زبان انگریزی میں بالکل بے زبان ہوں اور اس ناکامی کا مجھے بھی افسوس ہے۔ یہ چند مضمون جو لکھے ہیں ہیں کہہ سکتا کہ ترجمہ کئے ہیں۔ ہاں جو کچھ کانوں سنے سنا فکر مناسب نے زبان کے حوالہ کیا۔ ہاتھوں نے اسے لکھ دیا اب حیران ہوں کہ نکتہ شناس اسے دیکھ کر کیا کہیں گے'۔

(نیرنگ خیال۔ حصہ اول دیباچہ)

اس سے واضح ہو جاتا ہے کہ آزاد نے انگریزی کے مضامین پڑھوا کر سنے اور اگر پڑھے بھی تو اس کے معانی و مطالب دریافت کئے۔ خود ان کے کہنے کے مطابق انہیں انگریزی سے برائے نام ربط ہے لیکن اس کے باوجود یہ بھی حقیقت ہے کہ ان کے مضامین انگریزی کے مشہور مضمون نگارAddison اورJohnson سے ماخوذ ہیں۔

ڈاکٹر محمد صادق نے ان مضامین کے نام دیئے ہیں جن سے آزاد نے استفادہ کیا ہے۔ ڈاکٹر منظر اعظمی نے ڈاکٹر صادق کے حوالے سے ہی مضامین کے نام دیئے ہیں جو ذیل میں درج کئے جارہے ہیں۔ (اردو میں تمثیل نگاری صفحہ ۲۷۱)

۱۔ انسان کسی حال میں خوش نہیں رہتا۔ The endeavour of mankind to get rid of their burden a dream by Addison۔

۲۔ شہرت عام اور بقائے دوام کا دربار، The vision of the table of fame–by Addison۔

۳۔ آغاز آفرینش میں عالم کا کیا رنگ تھا اور رفتہ رفتہ کیا ہو گا۔ An allegorical history of rest & labour–by johnson۔

۴۔ جھوٹ اور سچ کا رزم نامہ Truth falsehood and fiction an

allegory-by Johnson۔

۵۔ گلشن امید کی بہارThe Garden of hope-by Johnson۔

۶۔ سیر زندگیThe voyage of life -by Johnson۔

۷۔ علوم کی بد نصیبیThe conduct of patronage-by Johnson۔

۸۔ علمیت اور ذکاوت کے مقابلے The allegory of wit and learning-by Johnson۔

اگر یہ مندرجہ بالا مضامین جانسن اور ایڈیسن سے ماخوذ ہیں لیکن اگر ان مصنفین سے مستفاد کہا جائے تو زیادہ مناسب ہے کیونکہ انہیں پوری طرح ترجمہ کہنا مشکل ہے۔ مثلاً شہرت عام و بقائے دوام کا دربار کے سارے کردار ہندوستانی ہیں۔ ان میں غالب اور ذوق بھی شامل ہیں۔ ظاہر ہے کہ ان کرداروں سے بے چارہ انگریز بے خبر تھا اور یہ کردار صرف اور صرف محمد حسین آزاد کی انشاء پردازی کا نتیجہ ہیں۔

نیرنگ خیال کے آغاز میں اپنے " مضمون اردو اور انگریزی انشاء پردازی پر کچھ خیالات' میں انہوں نے یہ بتایا ہے کہ ان کے دور میں بھی اردو انشاء پردازی پر اعتراض کئے جا رہے تھے۔ آزاد کے خیال میں کچھ اعتراضات درست تھے مگر کچھ چشم پوشی کے قابل تھے۔ بہر حال انگریزی کے جو مضامین ان کی نظر سے گزرے یا جن کے بارے میں انہوں نے سنا اور متاثر ہوئے انہیں اردو کے قالب میں ڈھالنے کیلئے انہوں نے ایک اصول کو پیش نظر رکھا۔ وہ لکھتے ہیں۔

"جو سرگذشت بیان کرے اس طرح ادا کرے کہ سامنے تصویر کھینچ دے اور نشتر اس کا دل پر کھٹکے۔۔۔ بیشک فن انشاء اور لطف زبان تفریح طبع کا سامنا ہے لیکن جس طرح ہمارے متاخرین نے ایک ہی مرض کی دوا سمجھ لیا ہے انگریزی میں ایسا نہیں ہے'

اس اقتباس سے یہ واضح ہو جاتا ہے کہ نیرنگ خیال کے انشاء لکھتے ہوئے آزاد کو

ا۔ فن انشاء کی نزاکتوں کا احساس تھا۔

۲۔ اہل فرنگ کی طرح وہ ان کی بنیاد کسی مقصد پر رکھنا چاہتے تھے۔

۳۔ وہ اپنے ادبی سرمایہ سے بے خبر نہ تھے مگر متاخرین سے اختلاف بھی رکھتے تھے۔

۴۔ ان کی مجتہدانہ فکر مناسب زبان کے حوالے سے خیالات کو پیش کرنا چاہتی تھی۔

انہوں نے انشاء پردازی کا قاعدہ بیان کرتے ہوئے لکھا ہے کہ آسان اور سیدھی سادی تشبیہیں اور قریب کے استعارے استعمال کئے جائیں جو سنتے ہی سمجھ میں آجائیں۔ آزاد چاہتے تھے کہ انگریزی باغ سے نئے پودے لے کر اپنا گلزار سجایا نا چاہئے مگ ریہ تصرف خوبصورتی کے ساتھ ہو۔ وہ اپنی مشرقی روایات کو ترک نہیں کرنا چاہتے تھے ان کا خیال تھا کہ خاکے میں اس طرح جان ڈالی جائے کہ ہندوستانی کہیں کہ میر اور سودا کے زمانے نے عمر دوبارہ پائی۔

"

انگریزی روغن چڑھا کر ایسا خوش رنگ کرو کہ انگریز کہیں کہ ہندوستان میں شیکسپیر کی روح نے ظہور کیا'

اسلوب:۔

آزاد کے اسلوب اور ان کی انشاء پردازی پر اگر یہ لکھا جائے تو درست ہو گا کہ انہوں نے واقعی نہایت عمدہ رنگ و روغن چڑھایا اور اگر ان انشائیوں کو صرف ترجمہ کہا جائے تو معلوم ہوتا ہے ایڈیسن اور جانسن عمامہ باندھے ہوئے ہاتھوں میں ظرافت کی ٹہنی

لئے ہوئے استعارے کے ساز پر ایشیائی نغمات سنا رہے ہیں۔

آزاد اردو کے اولین محقق، ادبی مورخ، نقاد، رمز نگار، ڈرامہ نویس، لسانی مفکر، مواد تدریس کے مصنف اور جدید اردو شاعری کے اولین معمار بھی ہیں ان کی شخصیت کا ہر پہلو لازوال خصوصیات کا حامل ہے لیکن ان کی انشا پردازی ان کی تمام خصوصیات پر فوقیت رکھتی ہے اور نیرنگ خیال ان کی انشاء پردازی کا شاہکار ہے۔

آزاد کا یہ گرانقدر ادبی کارنامہ آب حیات کے ساتھ ۱۸۸۰ء میں شائع ہوا جس کے زیادہ تر انشائیے ۷۵ سے ۸۰ کے درمیان لکھے گئے۔ دیباچہ ۱۸۷۵ء میں لکھا گیا۔ مجموعے کا آخری انشائیہ "شہرت عام اور بقائے دوام کا دربار' جولائی ۱۸۷۶ء میں لکھا گیا جب کہ پانچواں انشائیہ "انسان کسی حال میں خوش نہیں رہتا' جون ۱۸۷۹ء میں آزاد کی پھوپھی کا انتقال ہوا جنہوں نے ان کی پرورش کی تھی۔ شاید یہی وجہ ہے کہ یہ مجموعہ کافی دیر سے یعنی ۱۸۸۰ء میں شائع ہو سکا۔ ۱۸۵۷ء میں انہوں نے اپنے باپ کی شہادت اور بھرا ہوا گھر اجڑتے دیکھا تھا۔ یہ بھی دیکھا تھا کہ ان کی ایک بچی ماں کی آغوش میں توپ کے گولے کی آواز سن کر دہل کر مر گئی تھی لیکن زندگی کے کسی مرحلہ پر بھی نہ تو آزاد مایوس ہوئے اور نہ انہوں نے کشاکش حیات کے آگے سپر ڈالی۔

یہ کہنا درست نہیں ہے کہ ان کے مضامین میں ان کی شخصیت نظر آتی ہے۔ حقیقت یہ ہے کہ آزاد اپنی ہی تخلیق کردہ دنیا میں سانس لیتے تھے ان کی ادبی شخصیت میں تخلیق کی آرائش اہم جزو کی حیثیت رکھتی ہے۔ وہ یہ سمجھتے ہیں کہ ادبی تخلیق تخیل کے دائرہ میں ہی ممکن ہے۔ اپنی طرف سے کوئی بات پیدا کرنا ہی انشاء ہے اور تخیل ہی کے ذریعہ اپنی طرف سے کوئی بات پیدا کی جاسکتی ہے ان کی نظر میں اس بات کی اہمیت نہیں ہے کہ ایسا ہوا ہے یا ہوتا ہے بلکہ یہ پہلو زیادہ نمایاں ہونا چاہئے کہ ایسا ہوا ہوگا یا ہو سکتا

ہے۔ تحقیق و تاریخ میں اس طرز فکر سے ادبی نقصان ہو سکتا ہے اور ہوا۔ لیکن نیرنگ خیال کیلئے یہ انداز نظر بہت مناسب تھا۔

آزاد کے ان تمام انشائیوں میں رمزیہ کی بنیادی خصوصیت یعنی افسانویت پائی جاتی ہے اور افسانویت کا محور تخلیل ہے یہ تخیل ہی کی کرشمہ سازی ہے کہ وہ تجربہ کی تجسیم کرتے ہیں مثلاً وہم انسان کی ایک ذہنی کیفیت ہے مگر آزاد نے اسے اس طرح جسم ولباس عطا کیا ہے کہ لگتا ہے جیسے وہم کوئی آدمی ہے یہ حلیہ ملاحظہ ہو۔

"ایک شخص اسوکھا سہا دبلاپے کے مارے فقط ہوا کی حالت ہو رہا تھا اس انبوہ میں نہایت چالاکی اور پھرتی سے پھر رہا تھا اس کے ہاتھ میں ایک آئینہ تھا جس میں دیکھنے سے شکل نہایت بری معلوم ہونے لگتی تھی وہ ایک ڈھیلی ڈھالی پوشاک پہنے ہوئے تھا جس کا دامن قیامت سے بندھا ہوا تھا اس پر دیوزادوں اور جناتوں کی تصویریں زردوزی سے کڑھی تھیں اور جب وہ ہوا سے لہراتی تھیں تو ہزاروں عجیب وغریب صورتیں اس پر نظر آتی تھیں اس کی آنکھیں وحشیانہ تھیں مگر نگاہ میں افسردگی تھی اور اس کا نام وہم تھا'

یہ بیان ڈرامائیت سے بھرپور ہے یہ ایک ذہنی کیفیت کا بیان بھی ہے اور ایک شخص کا سراپا بھی اور دوسرے زاویے سے دیکھیے تو معلوم ہوتا ہے کہ انسانی واہمہ جس جس طرح سے کام کرتا ہے ، استعارے کی لڑیاں اسے واضح کرتی چلی جاتی ہیں۔ دامن پر جناتوں اور دیوزادوں کی تصویریں اس رخ کی طرف اشارہ کرتی ہیں جن کے سلسلے میں انسان افسانے تراشتا رہتا ہے۔ وہم وحشت ہے اس میں سیمابیت ہے اسے قرار نہیں مگر وہم کی حقیقت کچھ نہیں ، چنانچہ آزاد نے اس کے بے حقیقت ہونے کو افسردگی سے استعارہ کیا ہے اس کے سراپا میں جو ڈرامائیت ہے وہ آزاد کے اسلوب کی اہم خصوصیت ہے اس کے ہاتھ میں آئینے کا ہونا اور چالاکی و پھرتی سے پھرنا وہم کے کردار کو متحرک اور

ڈرامائیت سے بھرپور بنا دیتا ہے۔

خطاب خود کلامی:

آزاد کے اسلوب کا ایک اہم وصف ان کی رنگین خطابت اور ان کے مکالموں میں خود کلامی کا انداز ہے۔ یہ تخیل کی ایسی بلندی ہے جو ہر اسٹیج پر انہیں محو کلام رکھتی ہے وہ زور تخیل سے ایسی جگہ پہونچ جاتے ہیں جہاں وہ تنہا ہوتے ہیں اور تب وہ خود سے محوِ کلام ہوتے ہیں مثلاً دیباچہ کی یہ آخری سطر ملاخطہ ہو۔

"سبب یہ کہ ملک میں ابھی اس طرز کارواج نہیں، خیر آزاد، ناامید نہیں ہونا چاہئے'

خود کلامی کی ایک اور مثال ملاحظہ ہو:

"کیوں آزاد! مجھے تو ان لوگوں پر رشک آتا ہے جو شہرت کی ہوس یا انعاموں کی طمع پر خاک، گوشہ عافیت میں بیٹھے ہیں اور سب بلاؤں سے محفوظ ہیں، نہ انعام سے خوشی، نہ محرومی سے ناخوش، نہ تعریف کی تمنا، نہ عیب چینی کی پروا، اے خدا دل آزاد دے اور حالت بے نیاز'

ان سطور کو لکھتے ہوئے آزاد کے ذہن میں غالب کا یہ مصرع رہا ہو گا "نہ ستائش کی تمنا نہ صلہ کی پروا' ان کی انشا پردازی پر تبصرہ کرتے ہوئے اسلم فرخی لکھتے ہیں:

"اکثر وہ قاری کے سامنے بلند آواز سے سوچنا شروع کر دیتے ہیں'

(محمد حسین آزاد حیات اور کارنامے، اسلم فرخی ص۶۷۸)

یہی بلند آواز میں سوچنا خود کلامی ہے اور اسی خود کلامی اور ڈرامائیت کے ذریعے آزاد جذبات واحساسات کو جیتا جاگتا روپ عطا کرتے ہیں وہ پہلے کسی خصوصیت یا صفت کو جسمانی پیکر دیتے ہیں اس کے بعد اس جسمانی پیکر میں کچھ لاحقے لگا کر ایسی شکل وصورت دیتے ہیں کہ اس کی ڈرامائیت اور افسانویت بڑھ جاتی ہے اور تاثر میں بھی اضافہ ہوتا ہے"

سچ اور جھوٹ کا رزم نامہ 'میں صداقت زمانی دانش خاتون کی بیٹی ہے۔ آزاد کنایہ میں اس اخلاقی پہلو کی بھی وضاحت کر دیتے ہیں کہ حقیقی دانش مندی صداقت کو جنم دیتی ہے۔

استعارہ، کنایہ اور رمز کا شاندار نمونہ ملاخطہ ہوا۔ یہ جھوٹ کا سراپا ہے۔

" کبھی کبھی ایسا بھی ہوتا تھا کہ دونوں کا آمنا سامنا ہو کر سخت لڑائی آ پڑتی۔ اس وقت دروغ دیوزاد اپنی دھوم دھام بڑھانے کیلئے سر پر بادل کا دھواں دھار پگڑ لپیٹ لیتا تھا ،لاف و گزاف کو حکم دیتا کہ شیخی اور نمود کے ساتھ آگے جا کر غل مچانا شروع کر دو، ساتھ ہی دغا کو اشارہ کر دیتا کہ گھات لگا کر بیٹھ جا۔ دائیں ہاتھ میں طراری کی تلوار، بائیں میں بے حیائی کی ڈھال ہوتی تھی۔ غلط نما تیروں کا ترکش آویزاں ہوتا تھا۔ ہوا و ہوس دائیں بائیں دوڑتے پھرتے تھے'۔

ان سطور میں ایک طرف تو استعارہ کی تابندہ لڑیاں اور تجربہ کی تجسیم ہے تو دوسری طرف میدان جنگ کا نقشہ بھی نظر آتا ہے ایسی فضاء آفرینی ہے کہ محسوس ہوتا ہے جیسے نظروں کے سامنے لڑائی ہو رہی ہے اور میدان جنگ نے اپنے چہرہ سے وقت کے گرد و غبار کی نقاب الٹ دی ہو لیکن اس افسانویت کے ساتھ جھوٹ کے جتنے رخ اور جتنی جہتیں ہو سکتی ہیں ان کی طرف بھی متوجہ کیا ہے۔ جھوٹا ہمیشہ ڈینگ مارتا ہے۔ جھوٹ کا ایک بڑا سجایا روپ آپ اپنی مدح کرنا ہے اور اگر کبھی جھوٹ پکڑا جاتا ہے تو بے حیائی اور بے غیرتی اور ڈھٹائی سے کام لیا جاتا ہے۔ جھوٹ بولنے کا محرک لالچ ہوتی ہے جسے ہوا و ہوس کے دائیں بائیں دوڑنے سے تعبیر کیا ہے۔

اس طرح اگر غور کیا جائے تو یہ معلوم ہوتا ہے کہ آزاد اخلاقی مسائل کو آفاقی رخ دے کر استعاروں کے سہارے آگے بڑھاتے ہیں۔ یہاں بھی معانی کی دونوں سطحیں موجود ہیں اور موج تہہ نشین کی طرح معانی موضوع کی ساری لہروں کو مرتعش کرتے

رہتے ہیں۔

آزاد کے یہاں ظرافت بھی ہے یہ ظرافت سراپا نگاری میں جھلکتی ہے۔ چنانچہ نیرنگ خیال میں ہر انشائیہ میں کہیں نہ کہیں ایک سراپا تبسم زیر لب کی تخلیق کرتا ہے مثلاً " آغاز آفرینش میں باغ عالم کا کیا رنگ تھا' پڑھیں تو معلوم ہوتا ہے کہ آزاد نے اس میں ایک قوم کا سراپا کھینچا ہے جو کام کرتے کرتے تھک گئے ہیں۔ اقتباس ملاحظہ ہو:

"ایک پیر خرد و دیرینہ سال محمد شاہی دربار کا لباس جامہ ے۔۔۔ کھڑکی دار بگڑی باندھے جریب پٹکتے آئے تھے مگر ایک

لکھنو کے بانکے پیچھے پیچھے گالیں ادیتے تھے بانکے۔۔۔ ان سے دست و گریباں ہو جاتے لیکن چار

خاکساراور پانچواں تاجدار ان کے ساتھ تھا یہ بچا لیتے تھے (شہرت عام اور بقائے دوام کا دربار)

آزاد کے اسلوب کا ایک وصف یہ بھی ہے کہ ان کا جادو نگار قلم ہر منظر کو متحرک بنا کر پیش کرتا ہے۔ فضاء آفرینی کی یہ کیفیت یوں تو ان کے ہر کارنامے میں نظر آتی ہے لیکن نیرنگ خیال میں اپنے عروج پر ہے ان کی منظر کشی ایک طرف تو ادبیت کی چاشنی رکھتی ہے تو دوسری طرف صرف چند سطروں میں مرقع کھینچ کر دکھ دیا ہے۔ یہ اقتباس دیکھئے:

"سب کے سب ضعف و ناطاقتی سے زمین پر بچھے جاتے تھے۔۔۔ ان میں تھکن اور سستی کی وبا پھیلی ہوئی تھی اور ناتوانی ان پر سوار تھی، صورت اس کی یہ کہ آنکھیں بیٹھی ہوئیں، چہرہ مرجھایا ہوا، رنگ زرد، منہ پر جھریاں پڑیں کمر جھکی، گوشت بدن کا خشک، ہڈیاں نکلی ہوئیں، غرض دیکھا کہ سب ہانپتے کانپتے روتے بسورتے آہ آہ کرتے چلے آتے

ہیں۔'

اس فضاء آفرینی اور رنگین بیانی میں صرف لفاظی ہی نہیں ہے بلکہ خیال کی عظمت، اخلاقیات اور علم کی پختگی بھی ہے۔ جتنا سوچتے جایئے اتنا ہی نئے نئے گوشے اور نئے نئے امکانات سامنے آتے جاتے ہیں۔ ذیل کے اقتباس میں بھی یہی کیفیت ہے۔

" ایجاد و اختراع تو ذکاوت کے مصاحب تھے اور قدامت اور تقلید علم سے محبت رکھتے تھے۔ چنانچہ اسی واسطے ذکاوت کو تو وہی بات پسند آتی تھی جو کہ آج تک کسی نے دیکھی ہو نہ سنی ہو، علم کا قاعدہ تھا کہ بزرگان سلف کے قدم بہ قدم چلنا تھا اور ان کی ایک ایک بات پر جان قربان کرنا تھا بلکہ اس کے نزدیک جس قدر بات پرانی تھی اسی قدر سر اور آنکھوں پر رکھنے کے قابل تھی۔ (علمیت اور ذکاوت کے مقابلے)

اسی طرح ایک بہت ہی اہم اور ابدی و آفاقی پہلو کی طرف اشارہ کیا ہے یعنی دولت کے آگے علم و ذکاوت دونوں کی کوئی قیمت نہیں ہے یہ شگفتہ عبارت ملاخطہ ہو۔

" یہ لوگ روتی صورت، سوتی مورت، دولت کے بندے تھے اور اسی کی عبادت کرتے تھے۔ زر دمال کے خزانے ان کے عبادت خانے تھے۔ وہاں کیا علم کیا ذکاوت، کسی کی بھی دعا قبول نہ ہوتی تھی اور سبب اس کا یہ تھا کہ ان کی آنکھوں پر روپئے کی چربی تھی، کانوں میں غفلت کی روئی تھی۔ ذکاوت نے ان پر بہت گل افشانیاں کیں مگر ان کے لبوں پر کبھی تبسم کا رنگ بھی نہ آیا'۔ (علمیت اور ذکاوت کے مقابلے)

آزاد کے اسلوب میں علم بیان کی آرائش بھی ہے۔ استعارات کی طرفگی اور تشبیہات کی دوشیزگی ہے، رمز و تمثیل کے اشارے و کنایے ہیں، نازک خیالی کا طلسم ہے۔ ظرافت کی شگفتہ کلیاں ہیں ان تمام گوشوں کے ساتھ اخلاقیات کی آفاقیت بھی ہے اور مشرقیت کی وہ خیال انگیزی بھی ہے جو فکر و نظر کی راہ میں زندگی کے پاکیزہ اصولوں کی

مشعلیں روشن کرتی ہے۔

آزاد مشرق کی ادبی روایات کے وارث ، امین ارپاسدار تھے لیکن انہوں نے مغرب سے بھی اپنے اسلوب کو روشن تابناک بنانے کیلئے رنگ وروغن مستعار لیا۔ مہدی افادی نے بجا طور پر انہیں آقائے اردو کا خطاب دیا اور بلاشبہ یہ قبا ان کی ادبی قامت پر سجتی ہے اور لازوال ہے۔

نیرنگ خیال حصہ کا پہلا انشائیہ " آغاز آفرینش میں باغ عالم کا کیا رنگ تھا اور رفتہ رفتہ کیا ہو گیا' ہے۔ اس میں آزاد نے مجرد اشیا اور صفات کو جسمانی پیکر عطا کر کے ان کے ذریعے درس و نصیحت کی باتیں کہی ہیں۔ وہ کہتے ہیں کہ ابتداء میں ساری اولاد آدم بے فکری میں بسر کرتی تھی۔ وہ فطرت کے مطابق زندگی گزارتے تھے اور قدرتی عیش و آرام سے لطف اندوز ہوتے تھے لیکن بعد میں خود غرضی ، فریب ، سینہ زوری جیسے شیاطین نے غلبہ حاصل کر لیا۔ جس کے نتیجے میں مصائب کا طوفان اُمڈ پڑا۔ پھر آرام اور محنت کے باہمی توازن سے صورت حال میں تبدیلی آئی۔ آزاد یہ بتانا چاہتے ہیں کہ آرام پسندی اور کاہلی کی وجہ سے قومیں تباہ ہو جاتی ہیں دوسرا انشائیہ سچ اور جھوٹ کا رزم نامہ ہے جس میں آزاد نے سچ اور جھوٹ کے بارے میں تمثیلی انداز میں لکھا ہے کہ سچ اور جھوٹ میں روز ازل سے کش مکش رہی ہے۔ سچ میں جو سختی اور تلخی ہے اس سے جھوٹ کو موقع مل جاتا ہے لیکن ایک وقت ایسا بھی آتا ہے جب جھوٹ کی قلعی کھل جاتی ہے اور سچ غالب آتا ہے۔

تیسرے انشائیے " گلشن امید کی بہار' میں آزاد نے یہ بتایا ہے کہ امید کے سہارے دنیا قائم ہے۔ لیکن امید کے ساتھ ساتھ محنت بھی ضروری ہے ورنہ افلاس جڑ پکڑ لیتا ہے۔

چوتھے انشائیے "سیر زندگی' میں وہ زندگی کی بے ثباتی کی طرف اشارہ کر رہے ہیں کہ عمر رواں کا جہاز بڑھتا رہتا ہے۔ یہ دنیا ایک امتحان کی جگہ ہے۔ انسان لڑکپن سے جوانی اور جوانی سے بڑھاپے کا سفر کرتا ہے۔ حیات ایک دریا ہے اور ڈوبنا یعنی موت سے ہم کنار ہونا سب کا مقدر ہے۔ کوئی پہلے ڈوبتا ہے اور کوئی بعد میں۔

پانچواں انشائیہ " انسان کسی حال میں خوش نہیں رہتا' میں آزاد نے انسانی فطرت کے ایک اہم پہلو کو پیش کیا ہے۔ انسان کی خاصیت یہ ہے کہ وہ اپنی موجودہ حالت سے کبھی مطمئن نہیں ہوتا۔ اسے اپنی مصیبت بڑی اور دوسروں کی مصیبت کم معلوم ہوتی ہے اور اگر کسی طرح سے اپنی مصیبت سے نجات دلا دی جائے اور دوسروں کی مصیبت کو اس کے سر لاد دیا جائے تو اسے معلوم ہوتا ہے کہ پہلی مصیبت ہی بہتر تھی۔

چھٹا انشائیہ " علوم کی بدنصیبی' ہے جس میں آزاد نے بتایا ہے کہ علوم کی بدولت انسان زندگی کی آسائش حاصل کر سکتا ہے لیکن نا اہلوں کی وجہ سے اہل کمال کو مسائل درپیش ہوتے ہیں۔ خوشامد اور غرور کی لعنت جب انسان پر غلبہ حاصل کر لیتی ہے تو اچھائی ختم ہو جاتی ہے اور برائیاں جنم لینے لگتی ہیں۔ رشک وحسد کی وجہ سے بدنامی اور ذلت کا سامنا کرنا پڑتا ہے۔

ساتویں انشائیے "علمیت اور ذکاوت کے مقابلے' میں آزاد نے یہ وضاحت کر دی ہے کہ انہوں نے Learning کیلئے علمیت اور Wit کیلئے ذکاوت کا لفظ استعمال کیا ہے انہیں اس بات کا اعتراف ہے کہ ذکاوت میں Wit کا مفہوم پوری طرح نہیں آتا لیکن انہیں کوئی اور لفظ نہ سوجھ سکا۔ اس انشائیہ میں انہوں نے یہ بتانے کی کوشش کی ہے کہ محض علم یا محض ذکاوت کافی نہیں بلکہ ان دونوں کا امتزاج ضروری ہے۔

آٹھواں انشائیہ شہرت عام اور بقائے دوام کا دربار تقریباً طبع زاد ہے۔ اس دربار میں

انہوں نے ایسے لوگوں کو پیش کیا ہے جنہوں نے دنیا میں بڑے بڑے کام کئے اور شہرت حاصل کی۔ آزاد نے راجہ رام جی اور والمیکی سیاس دربار کا آغاز کیا ہے۔ پھر راجہ بھون اور سنگھاسن بیتسی کا ذکر کیا ہے۔ وہ یونان سے اگر افلاطون ارسطو اور سکندر کو لے آئے ہیں تو ایران سے شاہنامہ کے ہیرو رستم اور فردوسی کو لائے ہیں۔ فردوسی کا ذکر ہندوستان میں محمود غزنوی کے ساتھ بھی کیا ہے اور بہت ساری اہم شخصیتوں کی خصوصیات کے ساتھ آخر میں بڑے دلچسپ انداز میں اپنا بھی ذکر کیا ہے۔ ذیل میں یہ مضمون پیش کیا جا رہا ہے۔

محمد حسین آزاد کا انشائیہ۔ شہرت عام اور بقائے دوام کا دربار'

اے ملک فنا کے رہنے والو دیکھو! اس دربار میں تمہارے مختلف فرقوں کے عالی وقار جلوہ گر ہیں۔ بہت سے حب الوطن کے شہید ہیں۔ جنہوں نے اپنے ملک کے نام پر میدان جنگ میں جا کر خونی خلعت پہنے، اکثر مصنف اور شاعر ہیں جنہیں اسی ہاتف غیبی کا خطاب زیبا ہے۔ جس کے الہام سے وہ مطالب غیبی ادا کرتے رہے اور بے غیبی سے زندگی بسر کر گئے۔ ایسے زیرک اور دانا بھی ہیں جو بزم تحقیق کے صدر اور اپنے عہد کے باعث فخر رہے۔ بہت سے نیک بخت نیکی کے راستے بتاتے رہے۔ جس سے ملک فنا میں بقاء کی عمارت بناتے رہے۔

بقائے دوام دو طرح کی ہے ایک تو ہی جس طرح روح فی الحقیقت بعد مرنے کے رہ جائے گی کہ اس کیلئے فنا نہیں۔ دوسری وہ عالم یادگار کی بقاء جس کی بدولت لوگ نام کی عمر سے جیتے ہیں اور شہرت دوام کی عمر پاتے ہیں۔ حق یہ ہے کہ اچھے سے اچھے اور بڑے سے بڑے کام جن جن سے ہوئے، یا تو ثواب آخرت کے لئے یا دنیا کی ناموری اور شہرت کیلئے ہوئے۔ لیکن میں اس دربار میں انہیں لوگوں کو لاؤں گا جنہوں نے اپنی محنت ہائے عرق

فشاں کا صلہ اور عزم ہائے عظیمہ کا ثواب فقط دنیا کی شہرت اور ناموری کو سمجھا اسی واسطے جو لوگ دین کے بانی اور مذہب کے رہنما تھے ان کے نام شہرت کی فہرست سے نکال ڈالتا ہوں مگر بڑا فکر یہ ہے کہ جن لوگوں کا ذکر کرتا ہوں ان کی حق تلفی نہ ہو جائے کیونکہ جن بیچاروں نے ساری جانفشانی اور عمر بھر کی محنتوں کا اجر فقط نام کو سمجھا ان کے حصہ میں کسی طرح کا نقص ڈالنا سخت ستم ہے۔ اسی لحاظ سے مجھے تمام مصنفین اور مورخین سے مدد مانگنی پڑی چنانچہ اکثروں کا نہایت احسان مند ہوں کہ انہوں نے ایسے ایسے لوگوں کی ایک فہرست بنا کر عنایت کی اور مجھے بھی کل دوپہر سے شام تک اسی کے مقابلہ میں گزری۔ ناموران موصوف کے حالات ایسے دل پر چھائے ہوئے تھے کہ انہوں نے مجھے سوتے سوتے چونکا دیا۔ میں اس عالم میں ایک خواب دیکھ رہا تھا چونکہ بیان اس کا لطف سے خالی نہیں اس لئے عرض کرتا ہوں۔

خواب میں دیکھتا ہوں کہ گویا میں ہوا کھانے چلا ہوں اور چلتے چلتے ایک میدان وسیع الفغا (اس میدان کو میدان دنیا سمجھ لو) میں جا نکلا ہوں جس کی وسعت اور لفزائی میدان خیال سے بھی زیادہ ہے۔ دیکھتا ہوں کہ میدان مذکور میں اس قدر کثرت سے لوگ جمع ہیں کہ نہ انہیں فکر شمار کر سکتا ہے نہ قلم تحریر فہرست تیار کر سکتا ہے اور جو لوگ اس میں جمع ہیں وہ غرض مند لوگ ہیں کہ اپنی اپنی کامیابی کی تدبیروں میں لگے ہوئے ہیں وہاں ایک پہاڑ ہے جس کی چوٹی گوش سحاب سے سرگوشیاں کر رہی ہے۔ پہلو اس کے جس طرف سے دیکھو ایسے سر پھوڑ اور سینہ توڑ ہیں کہ کسی مخلوق کے پاؤں نہیں جمنے دیتے۔ ہاں حضرت انسان کے ناخن تدبیر کچھ کام کر جائیں تو کر جائیں۔ میرے دوستو اس رستے کی دشواریوں کو سر پھوڑ اور سینہ توڑ پہاڑوں سے تشبیہ دے کر ہم خوش ہوتے ہیں مگر نری نا منصفی ہے۔ پتھر کی چھاتی اور لوہے کا کلیجہ کرلے تو ان بلاؤں کو جھیلے جن پر وہ

مصیبتیں گزریں وہی جانیں۔ یکایک قلۂ کوہ سے ایک شہنائی کی سی آواز آنی شروع ہوئی۔ یہ دلکش آواز سب کو بے اختیار اپنی طرف کھینچتی تھی۔ اس طرح کہ دل میں جان اور جان میں زندہ دلی پیدا ہوتی تھی بلکہ خیال کو وسعت کے ساتھ ایسی رفعت دیتی تھی جس سے انسان مرتبہ انسانیت سے بھی بڑھ کر قدم مارنے لگتا تھا لیکن یہ عجب بات تھی کہ اتنے انبوہ کثیر میں تھوڑے ہی اشخاص تھے جن کے کان اس کے سننے کی قابلیت یا اس کے نغموں کا مذاق رکھتے تھے۔

ایک بات کے دیکھنے سے مجھے نہایت تعجب ہوا۔ اور وہ تعجب فوراً جاتا بھی رہا یعنی دوسری طرف جو نظر جا پڑی تو دیکھتا ہوں کہ کچھ خوبصورت خوب صورت عورتیں ہیں اور بہت سے لوگ ان کے تماشائے جمال میں محو ہو رہے ہیں۔ یہ عورتیں پریوں کا لباس پہنے ہیں مگر یہ بھی وہیں چرچا سنا کہ در حقیقت نہ وہ پریاں ہیں نہ پریزاد عورتیں ہیں کوئی ان میں غفلت کوئی عیاشی ہے کوئی خود پسندی کوئی بے پروائی ہے جب کوئی ہمت والا ترقی کے رستے میں سفر کرتا ہے تو یہ ضرور ملتی ہیں انہیں میں پھنس کر اہل ترقی اپنے مقاصد سے محروم رہ جاتے ہیں۔ ان پر درختوں کے جھنڈ سایہ لیئے تھے۔ رنگ برنگ کے پھول کھلے تھے۔ گوناگوں میوے جھوم رہے تھے طرح طرح کے جانور بول رہے تھے۔ نیچے قدرتی نہریں ، اوپر ٹھنڈی ہوائیں چل رہی تھیں وہیں وہ دانش فریب پریاں پتھروں کی سلوں پر پانی میں پاؤں لٹکائے بیٹھی تھیں اور آپس میں چھینٹے لڑ رہی تھیں مگر ایسے ایسے الجھاوے بلندی کوہ کے ادھر ہی ادھر تھے یہ بھی صاف معلوم ہوتا تھا کہ جو لوگ ان جعلی پریوں کی طرف مائل ہیں وہ اگرچہ اقوام متحدہ عہدہ ہائے متفرقہ ، عمرہائے متفاوتہ رکھتے ہیں مگر وہی ہیں جو حوصلہ کے چھوٹے ہمت کے ہیٹے اور طبعیت کے پست ہیں۔

دوسری طرف دیکھا کہ جو بلند حوصلہ صاحب ہمت والی طبیعت تھے وہ ان سے الگ ہو گئے اور عول شہنائی کی آواز کی طرف بلندی کوہ پر متوجہ ہوئے۔ جس قدر یہ لوگ آگے بڑھتے تھے اسی قدر وہ آواز کانوں کو خوش آئندہ معلوم ہوتی تھی۔ مجھے ایسا معلوم ہوا کہ بہت سے چیدہ اور برگزیدہ اشخاص اس ارادہ سے آگے بڑھے کہ بلندی کوہ پر چڑھ جائیں اور جس طرح ہو سکے پاس جاکر اس نغمہ آسمانی سے قوت روحانی حاصل کریں چنانچہ سب لوگ کچھ کچھ چیزیں اپنے اپنے ساتھ لینے لگے۔ معلوم ہوتا تھا کہ گویا آگے کے راستہ کا سامان لے رہے ہیں۔ سامان بھی ہر ایک کا الگ الگ تھا۔ کسی کے ایک ہاتھ میں شمشیر برہنہ علم تھی ایک ہاتھ میں نشان تھا کسی کے ہاتھ میں کاغذوں کے اجزا تھے کسی کی بغل میں ایک کمپاس تھا کوئی پنسلیں لئے تھا کوئی جہازی قطب نما اور دوربین سنبھالے تھا۔ بعضوں کے سر پر تاج شاہی دھرا تھا۔ بعضوں کے تن پر لباس جنگی آراستہ تھا۔ غرض کہ علم ریاضی اور جر ثقیل کا کوئی آلہ نہ تھا جو اس وقت کام میں نہ آرہا ہو۔ اسی عالم میں دیکھتا ہوں کہ ایک فرشتہ رحمت میرے داہنے ہاتھ کی طرف کھڑا ہے اور مجھے بھی اس بلندی کا شائق دیکھ کر کہتا ہے کہ یہ سرگرمی اور گرم جوشی تمہاری ہمیں نہایت پسند ہے اس نے یہ بھی صلاح دی کہ ایک نقاب منہ پر ڈال لو۔ میں نے بے تامل تعمیل کی بعد اس کے گروہ مذکور فرقہ فرقہ میں منقسم ہو گیا۔ کوہ مذکورہ پر رستوں کا کچھ شمار نہ تھا سب نے ایک ایک راہ پکڑلی۔ چنانچہ کچھ لوگوں کو دیکھا کہ چھوٹی چھوٹی گھاٹیوں میں ہو لئے۔ وہ تھوڑی ہی دور چڑھے تھے کہ ان کا راستہ ختم ہوا اور وہ تھم گئے۔ مجھے معلوم ہوا کہ ان پست ہمتوں نے صنعت گری اور دستکاری کی راہ لی تھی کہ روپیہ کے بھوکے تھے اور جلد محنت کا صلہ چاہتے تھے۔ میں ان لوگوں کے پیچھے تھا جنہوں نے دلاوروں اور جانبازوں کے گروہ کو پیچھے چھوڑا تھا اور خیال کیا تھا کہ چڑھائی کے راستے ہم نے پالئے مگر وہ راستے ایسے پیچ در پیچ اور

درہم برہم معلوم ہوئے کہ تھوڑا ہی آگے بڑھ کر اس کے ہیر پھیر میں سر گرداں ہو گئے۔ ہر چند برابر قدم مارے جاتے تھے مگر جب دیکھا تو بہت کم آگے بڑھتے تھے میرے فرشتہ رحمت نے ہدایت کی کہ یہ وہی لوگ ہیں جہاں عقل صادق اور عزم کامل کام دیتا ہے وہاں چاہتے ہیں کہ فقط چالاکی سے کام کر جائیں۔ بعض ایسے بھی تھے کہ بہت آگے بڑھ گئے تھے مگر ایک ہی قدم ایسا بے موقع پڑا کہ جتنا گھنٹوں میں بڑھے تھے اتنا دم بھر میں نیچے آن پڑے بلکہ بعض ایسے ہو گئے کہ پھر چڑھنے کے قابل ہی نہ رہے اس سے وہ لوگ مراد ہیں کہ جو مدد روزگار سے ترقیاں حاصل کرتے چلے جاتے ہیں (فی الحقیقت جو ناموری اور ترقی کے خواہاں ہیں اگر سلطنت، حکومت، دولت، شجاعت، علمیت وغیرہ کے رستے سے چاہتے ہیں تو خوف جان ہے اگر اور فنون کمال کے رستے لیتے ہیں تو حاسد انواع واقسام کی بد ذاتیوں سے سد راہ ہوتے ہیں) مگر کوئی ایسی حرکت ناشائستہ کرتے ہیں کہ دفعتاً گر پڑتے ہیں اور آئندہ کیلئے بالکل اس سے علاقہ ٹوٹ جاتا ہے ہم اتنے عرصہ میں بہت اونچے چڑھ گئے اور معلوم ہوا کہ جو چھوٹے بڑے رستے پہاڑ کے نیچے سے چلتے ہیں اوپر آکر دو شاہراہوں سے ملتے ہیں چنانچہ وہاں آکر تمام صاحب ہمت دو گروہوں میں منقسم ہو گئے۔ ان دونوں شاہراہوں میں ذرا آگے بڑھ کر ایک ایک بھوت ڈراؤنی صورت ہیبت ناک مورت کھڑا تھا کہ آگے جانے سے رکتا تھا ان میں سے ایک کے ہاتھ میں ایک درخت خار دار کا ٹہنا تھا۔ بھوت کا نام دیو ہلاک تھا اور کانٹے وہی ترقی کے مانع اور موت کے بہانے تھے جو اولوالعزموں کو راہ ترقی میں پیش آتے ہیں چنانچہ جو سامنے آتا تھا۔ ٹہنے کی مار منہ پر کھاتا تھا دیو کی شکل ایسی خونخوار تھی گویا موت سامنے کھڑی ہے ان کانٹوں کی مار سے غول کے اہل ہمت کے بھاگ بھاگ کر پیچھے ہٹتے تھے اور ڈر ڈر کر چلاتے تھے کہ ہے ہے موت، ہے ہے موت! دوسرے رستہ پر جو بھوت تھا اس کا نام حسد تھا۔

پہلے بھوت کی طرح کچھ اس کے ہاتھ میں نہیں تھا لیکن ڈراؤنی آواز اور بھونڈی صورت اور مکروہ و معیوب کلمے جو اس کی زبان سے نکلتے تھے اس لئے اس کا منہ ایسا برا معلوم ہوتا تھا کہ اس کی طرف دیکھا نہ جاتا تھا اس کے سامنے ایک کیچڑ کا حوض بھرا تھا کہ برابر چھینٹیں اڑائے جاتا تھا اور ہر ایک سفید پوش کے کپڑے خراب کرتا تھا جب یہ حال دیکھا تو اکثر اشخاص ہم میں سے بیدل ہو کر رہ گئے اور بعض اپنے یہاں تک آنے پر کمال نادم ہوئے۔ میرا یہ حال تھا کہ یہ خطرناک حالتیں دیکھ دیکھ کر دل ہراساں ہوا جاتا تھا اور قدم آگے نہ اٹھتا تھا۔ اتنے میں اس شہنائی کی آوازیں تیزی کے ساتھ کان میں آئی کہ بجھے ہوئے ارادے پھر چمک اٹھے۔ جس قدر کہ دل زندہ ہوئے اسی قدر خوف وہراس خاک ہو کر اڑتے گئے۔ چنانچہ بہت سے جانباز جو شمشیریں علم کئے ہوئے تھے اس کڑک دمک سے قدم مارتے آگے بڑھے گویا حریف سے میدان جنگ مانگتے ہیں یہاں تک کہ جہاں دیو کھڑا تھا یہ اس دہانہ سے نکل گئے اور وہ موت کے دانت نکالے دیکھتا رہ گیا۔ جو لوگ سنجیدہ مزاج اور طبیعت کے دھیمے تھے وہ اس رستے پر پڑے جدھر حسد کا بھوت کھڑا تھا مگر اس آواز کے ذوق شوق نے انہیں بھی ایسا مست کیا کہ گالیاں کھاتے کیچڑ میں نہاتے مر پچ کر یہ بھی اس کی حد سے نکل گئے چنانچہ جو کچھ رستے کی صعوبتیں اور خرابیاں تھیں وہ بھی ان بھوتوں ہی تک تھیں آگے دیکھا تو ان کی دست رس سے باہر ہیں اور رستہ بھی صاف اور ہموار بلکہ ایسا خوش نما ہے کہ مسافر جلد جلد آگے بڑھے اور ایک سپاٹے میں پہاڑ کی چوٹی پر جا پہنچے۔ اس میدان روح افزا میں پہنچتے ہی ایسی جاں بخش اور روحانی ہوا چلنے لگی جس سے روح اور زندگانی کو قوت دوامی حاصل ہوتی تھی تمام میدان جو نظر کے گرد و پیش دکھائی دیتا تھا اس کا رنگ کبھی نور سحر تھا اور کبھی شام و شفق جس سے قوس قزح کے رنگ میں کبھی شہرت عام اور کبھی بقائے دوام کے حروف عیاں تھے یہ

نورو سرور کا عالم دل کو اس طرح تسلی و تشفی دیتا تھا کہ خود بخود پچھلی محنتوں کے غبار دل سے دھوئے جاتے تھے اور اس مجمع عام میں امن و امان اور دلی آرام پھیلتا تھا جس کا سرور لوگوں کے چہروں سے پھولوں کی شادابی ہو کر عیاں تھا۔ ناگہاں ایک ایوان عالیشان دکھائی دیا کہ اس چار طرف پھانک تھے۔ اس پہاڑ کی چوٹی پر دیکھا کہ پھولوں کے تختہ میں ایک پری حور شمائل چاندی کی کرسی پر بیٹھی ہے اور وہی شہنائی بجاری ہے جس کے میٹھے میٹھے سروں نے ان مشتاقوں کے انبوہ کو یہاں تک کھینچا تھا۔ پری ان کی طرف دیکھ کر مسکراتی تھی اور سروں سے اب ایسی صدا آئی تھی گویا آنے والوں کو آفرین وشاباش دیتی ہے اور کہتی ہے کہ "خیر مقدم! خیر مقدم خوش آمدید صفا آوردید' اس آواز سے یہ خدائی لشکر کئی فرقوں میں منقسم ہو گیا چنانچہ مورخوں کا گروہ ایک دروازہ پر استادہ ہوا تاکہ صاحب مراتب اشخاص کو حسب مدارج ایوان جلوس میں داخل کرے۔ یکایک وہ شہنائی جس سے کبھی انگیز و جوش خیز اور کبھی جنگی باجوں کے سر نکلتے تھے اب اس سے ظفریابی اور مبارکبادی کی صدا آنے لگی۔

تمام مکان گونج اٹھا اور دروازے خود بخود کھل گئے۔ جو شخص سب سے پہلے آگے بڑھا معلوم ہوا کہ کوئی راجوں کا راجہ مہاراجہ ہے، چاند کی روشنی چہرہ کے گرد ہالہ کئے ہے۔ سر پر سورج کی کرن کا تاج ہے اس کے استقلال کو دیکھ کر لنکا کا کوٹ پانی پانی ہوا جاتا ہے۔ اس کی حقداری جنگل اور پہاڑوں کے حیوانوں کو جاں نثاری میں حاضر کرتی ہے۔ تمام دیوی دیوتا دامنوں کے سایہ میں لئے آتے ہیں۔ فرقہ فرقہ کے علماء اور مورخ اسے دیکھتے ہی شاہانہ طور سے لینے کو بڑھے اور وہ بھی متانت اور انکسار کے ساتھ سب سے پیش آیا۔ مگر ایک شخص کہن سالہ، رنگت کا کالا ایک پوتھی بغل میں لئے ہندوؤں کے غول سے نکلا اور بہ آواز بلند چلایا کہ آنکھوں والو کچھ خیر ہے، دیکھو، دیکھو ترتیب کے سلسلے کو

برہم نہ کرو اور نرنکار کے نور کو اجسام خاک میں نہ ملاؤ یہ کہہ کر آگے بڑھا اور اپنی پوتھی نذر گزرانی، اس نے نذر قبول کی اور نہایت خوشی سے اس کے لینے کو ہاتھ بڑھایا۔ تو معلوم ہوا کہ اس کا ہاتھ بھی فقط سورج کی کرن تھا۔ سب ایک دوسرے کا منہ دیکھنے لگے۔ کوئی کچھ سمجھا، کوئی کچھ سمجھا (کوئی اوتار کہتا ہے۔ کوئی بادشاہ با اقبال) اس وقت ایک بمان یعنی تخت ہوادار آیا وہ اس پر سوار ہو کر آسمان کو اڑ گیا۔ معلوم ہوا کہ یہ رام چندر جی ہیں اور یہ والمیک ہے جس نے رامائن نذر دی۔ سب لوگ ابھی والمیک کی ہدایت کا شکریہ ادا کر رہے تھے کہ اتنے میں ایک اور آمد ہوئی۔ دیکھا کہ ایک تخت طلسمات کو ۳۲ پریاں اڑائے لئے آتی ہیں۔ اس پر ایک اور راجہ بیٹھا ہے مگر نہایت دیرینہ سال، اسے فرقہ فرقہ کے علماء اور مورخ لینے کو نکلے مگر پنڈت اور مہاجن لوگ بہت بے قراری سے دوڑے۔ معلوم ہوا کہ راجہ تو مہاراجہ بکرماجیت تھے اور تخت سنگھاسن بتیسی، پریاں اتنی بات کہہ کر ہوا ہو گئیں کہ جب تک سورج کا سونا اور چاند کی چاندی چمکتی ہے نہ آپ کا سنہ ہٹے گا نہ سکہ مٹے گا برہمنوں اور پنڈتوں نے تصدیق کی اور انہیں لے جا کر ایک مسند پر بٹھا دیا۔

ایک راجہ کے آنے پر لوگوں میں کچھ قیل و قال ہوئی کیونکہ وہ چاہتا تھا کہ اپنے دو مصاحبوں کو بھی ساتھ لے جائے اور اراکین دربار کہتے تھے کہ یہاں تمکنت اور غرور کا گزارہ نہیں۔ اتنے میں وہی ۳۲ پریاں پھر آئیں۔ چنانچہ ان کی سفارش سے اسے بھی لے گئے جس وقت راجہ نے مسند پر قدم رکھا ایک پنڈت آیا ؤ۔ دونوں ہاتھ اٹھا کر اشیرباد کہی اور بقائے دوام کا تاج سر پر رکھ دیا جس میں ہیرے اور پنے کے نو دانے ستاروں پر آنکھ مار رہے تھے۔ معلوم ہوا کہ وہ راجہ بھوج تھے اور ۳۲ پریوں کا جھرمٹ وہی کتاب سنگھاسن بتیسی تھی جو ان کے عہد میں تصنیف ہوئی اور جس نے تاج سر پر رکھا وہ کالیداس شاعر تھا جس نے ان کے عہد میں نو کتابیں لکھ کر فصاحت و بلاغت کو زندگی جاوید بخشی ہے۔ اس

طرف توبرابر یہی کاروبار جاری تھے۔ اتنے میں معلوم ہوا کہ دوسرے دروازہ بھی داخلہ شروع ہوا۔ میں اس طرف متوجہ ہوا۔ دیکھتا ہوں کہ وہ کمرہ بھی فرش فروش جھاڑ فانوس سے بقعہ نور بنا ہوا ہے۔ ایک جوان پیل پیکر ہاتھ میں گرز گاؤ سر، نشاء شجاعت میں مست جھومتا جھامتا چلا آتا ہے۔ جہاں قدم رکھتا ہے ٹخنوں تک زمین میں ڈوب جاتا ہے۔ گرداس کے شاہان کیانی اور پہلوانان ایرانی موجود ہیں کہ درفش کاویانی کے سایہ بے زوال میں لئے آتے ہیں۔ حب قوم اور حب وطن اس کے دائیں بائیں پھول برساتے تھے۔ اس کی نگاہوں سے شجاعت کا خون ٹپکتا تھا۔ اور سر پر کلمہ شیر کا خود فولادی دھرا تھا۔

مورخ اور شعرا اس کے انتظار میں دروازے پر کھڑے تھے۔ سب نے اسے بچشم تعظیم دیکھا۔ انہی میں سے ایک پیر مرد دیرینہ سال جس کے چہرے سے مایوسی اور ناکامی کے آثار آشکارا تھے۔ وہ اس کا ہاتھ پکڑ کر اندر لے گیا اور ایک کرسی پر بٹھایا جسے بجائے پایوں کے چار شیر کندھوں پر اٹھائے کھڑے تھے۔ پھر پیر مرد نے اہل مجلس کی طرف متوجہ ہو کر چند اشعار نہایت زور و شور کے پڑھے نہیں۔ بلکہ اس کے کارناموں کی تصویر صفحہ ہستی پر ایسے رنگ سے کھینچی جو قیامت تک رہے گی۔ بہادر پہلوان نے اٹھ کر اس کا شکریہ ادا کیا اور گل فردوس کا ایک طرہ اس کے سر پر آویزاں کر کے دعا کی کہ الٰہی یہ بھی قیامت تک شگفتہ و شاداب رہے تمام اہل محفل نے آمین کہی۔

معلوم ہوا کہ وہ بہادر، ایران کا حامی، شیر سیستانی رستم پہلوان ہے اور کہن سال مایوس فردوسی ہے جو شاہنامہ لکھ کر اس کے انعام سے مرحوم رہا۔

بعد اس کے ایک نوجوان آگے بڑھا جس کا حسن شباب نوخیز اور دل بہادری اور شجاعت سے لبریز تھا۔ سر پر تاج شاہی تھا مگر اس سے ایرانی پہلوانی پہلو چراتی تھی۔ ساتھ

اس کے حکمت یونانی سر پر چتر لگائے تھی۔ میں نے لوگوں سے پوچھا مگر سب اسے دیکھ کر ایسے محو ہوئے کہ کسی نے جواب نہ دیا۔ بہت سے مورخ اور محقق اس کے لینے کو بڑھے مگر سب ناواقف تھے۔ وہ اس تخت کی طرف لے چلے جو کہانیوں اور افسانوں کے ناموروں کیلئے تیار ہوا تھا۔ چنانچہ ایک شخص جس کی وضع اور لباس سب سے علیحدہ تھا ایک انبوہ کو چیر کر نکلا۔ وہ کوئی یونانی مورخ تھا اس نے اس کا ہاتھ پکڑا اور اندر لے جا کر سب سے پہلی کرسی پر بیٹھا دیا۔ فرشتہ رحمت نے میرے کان میں کہا کہ تم اس گوشہ کی طرف آ جاؤ تا کہ تمہاری نظر سب پر پڑے اور تمہیں کوئی نہ دیکھے۔ یہ سکندر یونانی ہے جس کے کارنامے لوگوں نے کہانی اور افسانے بنا دیئے ہیں۔

اس کے پیچھے پیچھے ایک بادشاہ آیا کہ سر پر کلاہ کیانی اور اس پر درفش کاویانی جھومتا تھا مگر پھریرا علم کا پارہ پارہ ہو رہا تھا۔ وہ آہستہ آہستہ اس طرح آتا تھا گویا اپنے زخم کو بچائے ہوئے آتا ہے۔ رنگ زرد تھا اور شرم سے سر جھکائے تھے جب وہ آیا تو سکندر بڑی عظمت کے ساتھ استقبال کو اٹھا اور اپنے برابر بٹھایا۔ باوجود اس کے جس قدر سکندر زیادہ تعظیم کرتا تھا اس کی شرمندگی زیادہ ہوتی تھی وہ داراب بادشاہ ایران تھا۔

دفعتہً سکندر نے آواز دی "انہیں لاؤ' جو شخص داخل ہوا وہ ایک پیر مرد بزرگ صورت تھا کہ مقیشی داڑھی کے ساتھ بڑھاپے کے نور نے اس کے چہرہ کو روشن کیا تھا ہاتھ میں عصائے پیری تھا جس وقت وہ آیا سکندر خود اٹھا اس کا ہاتھ پکڑ کر لایا اپنے برابر کرسی پر بٹھایا۔ اور پانچ لڑی کا سہرہ اس کے سر پر باندھا معلوم ہوا کہ یہ نظامی گنجوی ہیں اور اس سہرے میں خمسہ کے مضامین سے پھول پروئے ہوئے ہیں۔ سکندر پھر اٹھا اور تھوڑا سا پانی اس پر چھڑک کر کہا "اب یہ کبھی نہ کملائیں گے'

بعد اس کے جو شخص آیا اگرچہ سادہ وضع تھا مگر قیافہ روشن اور چہرہ فرحت روحانی

سے شگفتہ نظر آتا تھا جو لوگ اب تک آ چکے تھے ان سب سے زیادہ عالی رتبہ کے لوگ اس کے ساتھ تھے اس کے داہنے ہاتھ پر افلاطون تھا اور بائیں پر جالینوس، اس کا نام سقراط تھا۔ چنانچہ وہ بھی ایک مسند پر بیٹھ گیا۔ لوگ ایسا خیال کرتے تھے کہ ارسطو اپنے استاد یعنی افلاطون سے دوسرے درجہ پر بیٹھے گا مگر اس مقدمہ پر کچھ اشخاص تکرار کرتے نظر آئے کہ ان کا سرگردہ خود ارسطو تھا اس منطقی زبردست نے کچھ شوخی اور کچھ سینہ زوری سے مگر دلائل زبردست اور براہین معقول کے ساتھ سب اہل محفل کو قائل کر لیا کہ یہ مسند میرا ہی حق ہے اور یہ کہہ کر اول سکندر کو آئینہ دکھایا پھر نظامی کو سلام کر کے بیٹھ ہی گیا۔

ایک گروہ کثیر بادشاہوں کی ذیل میں آیا۔ سب جبہ و عمامہ اور طبل و دمامہ رکھتے تھے مگر باہر روکے گئے کیونکہ ہر چند ان کے جبے دامن قیامت سے دامن باندھے تھے اور عمامے گنبد فلک کا نمونہ تھے مگر اکثر ان میں تہی کی طرح اندر سے خالی تھے۔ چنانچہ دو شخص اندر آنے کیلئے منتخب ہوئے ان کے ساتھ ایک انبوہ کثیر علماء وفضلا کا ہو لیا۔ تعجب یہ کہ روم و یونان کے فلسفی ٹوپیاں اتارے ان کے ساتھ تھے۔ بلکہ چند ہندو بھی تقویم کے پترے لئے اشیر باد کہتے آتے تھے۔ پہلا بادشاہ ان میں ہارون رشید اور دوسرا مامون رشید تھا۔

تھوڑی دیر نہ گزری تھی کہ ایک تاجدار سامنے سے نمودار ہوا۔ ولایتی استخوان اور ولایتی لباس تھا اور جامہ خون سے قلمکار تھا۔ ہندوستان کے بہت سے گراں بہا زیور اس کے پاس تھے مگر چونکہ ناواقف تھا۔ مگر چونکہ ناواقف تھا اس لئے کچھ زیور ہاتھ میں لیئے تھا۔ کچھ کندھے پر پڑے تھے۔ ہر چند یہ جواہرات اپنی آبداری سے پانی ٹپکاتے تھے مگر جہاں قدم رکھتا تھا بجائے غبار کے آہوں کے دھوئیں اٹھتے تھے وہ محمود غزنوی تھا۔ بہت سے

مصنف اس کے استقبال کو بڑھے مگر وہ کسی کا منتظر اور مشتاق معلوم ہوتا تھا۔ چنانچہ ایک نوجوان حور شمائل آیااور فردوسی کا ہاتھ پکڑ کر محمود کے سامنے لے گیا۔ محمود نے نہایت اشتیاق اور شکر گزاری سے ہاتھ اس کا پکڑا۔ اگرچہ برابر بیٹھ گئے۔ مگر دونوں کی آنکھیں شرم سے جھک گئیں۔ نوجوان ایک عجیب ناز و انداز سے مسکرایااور چلا گیا وہ ایاز تھا اسی عرصہ میں ایک اور شخص آیا کہ لباس اہل اسلام کا رکھتا تھا مگر چال ڈھال یونانیوں سے ملاتا تھا اس کے داخل ہونے پر شعرا تو الگ ہو گئے مگر تمام علماء اور فضلا میں تکرار اور قیل و قال کا غل ہوا۔ اس سینہ زور نے سب کو پیچھے چھوڑااور ارسطو کے مقابل میں ایک کرسی بچھی تھی اس پر آکر بیٹھ گیا۔ وہ بو علی سینا تھا۔

ایک انبوہ کثیر ایرانی تورانی لوگوں کا دیکھا کہ سب معقول اور خوش وضع لوگ تھے مگر انداز ہر ایک کے جدا جدا تھے۔ بعض کے ہاتھوں میں اجزااور بعض کی بغل میں کتاب تھی کہ اوراق ان کے نقش و نگار سے گلزار تھے۔ وہ دعویٰ کرتے تھے کہ ہم معانی و مضامین کے مصور ہیں ان کے باب میں بڑی تکراریں ہوئیں و آخر یہ جواب ملا کہ تم مصور بے شک اچھے ہو مگر بے اصل اور غیر حقیقی اشیاء کے مصور ہو، تمہاری تصویروں میں اصلیت اور واقعیت کا رنگ نہیں۔ البتہ انتخاب ہو سکتا ہے یہ لوگ فارسی زبان کے شاعر تھے چنانچہ انوری، خاقانی، ظہیر فاریابی وغیرہ چند اشخاص منتخب ہو کر اندر آئے باقی سب نکالے گئے۔ ایک شاعر کے کان پر قلم دھرا تھا اس میں سے آب حیات کی بوندیں ٹپکتی تھیں مگر کبھی کبھی اس میں سے سانپ کی زبانیں لہراتی نظر آتی تھیں اس لئے اس پر پھر ٹکرائی اس نے کہا کہ بادشاہوں کو خدا نے دفع اعدا کیلئے تلوار دی ہے۔ مگر ملک مضامین کے حاکم سوائے قلم کے کوئی حربہ نہیں رکھتے اگر چند بوندیں زہر آب کی بھی نہ رکھیں تو اعدائے بد نہاد ہمارے خون عزت کے بہانے سے کب چوکیں۔ چنانچہ یہ عذر اس کا قبول

ہوا۔ یہ انوری تھا جو باوجود گل افشانی فصاحت کے بعض موقع پر اس قدر ہجو کرتا تھا کہ کان اس کے سننے کی تاب نہیں رکھتے۔ خاقانی پر اس معاملہ میں اس کے استاد کی طرف سے دعوے پیش ہوئے۔ چونکہ اس کی بنیاد خانگی نزاع پر تھی اس لئے وہ بھی اس کی کرسی نشینی میں خلل انداز ہوسکا۔ اسی عرصہ میں چنگیز خاں آیا اس کیلئے گو علماء اور شعراء میں سے کوئی آگے نہ بڑھا بلکہ جب اندر لائے تو خاندانی بادشاہوں نے اسے چشم حقارت سے دیکھ کر تبسم کیا۔ البتہ مورخین کے گروہ نے بڑی دھوم دھام کی، جب کسی کی زبان سے نسب نامہ کا لفظ نکلا تو اس نے فوراً شمشیر جوہر دار سند کے طور پر پیش کی۔ جس پر خونی حرفوں سے رقم تھا۔ "سلطنت میں میراث نہیں چلتی، علماء نے غل مچایا کہ جس کے کپڑوں سے لہو کی بو آئے وہ قصاب ہے، بادشاہوں میں اس کا کام نہیں، شعراء نے کہا کہ جس تصویر کے رنگ میں ہمارے قلم یا مصوران تصانیف کی تحریر نے رنگ بقانہ ڈالا ہو اسے اس دربار میں نہ آنے دیں گے۔ اس بات پر اس نے بھی تامل کیا اور متاسف معلوم ہوتا تھا اس وقت ہاتف نے آواز دی کہ اے چنگیز جس طرح ملک و شمشیر کے جوش کو قوم کے خون میں حرکت دی اگر علوم و فنون کا بھی خیال کرتا تو آج قومی ہمدردی کی بدولت ایسی ناکامی نہ اٹھاتا۔ اتنے میں چند مورخ آگے بڑھے انہوں نے کچھ ورق دکھائے کہ ان میں طورہ چنگیز خانی یعنی اس کے ملکی انتظام کے قواعد لکھے تھے۔ آخر قرار پایا کہ اسے دربار میں جگہ دو۔ مگر ان کاغذوں پر کچھ لہو کے چھینٹے دو۔ اور ایک سیاہی کا داغ لگا دو۔

تھوڑی دیر نہ گزری تھی کہ امیر تیمور کی نوبت آئی، بہت سے مورخوں نے اس کے لانے کی التجا کی مگر وہ سب کو دروازہ پر چھوڑ گیا اور اپنا آپ رہبر ہوا۔ کیونکہ وہ خود مورخ تھا۔ رستہ جانتا تھا اور اپنا مقام پہچانتا تھا۔ لنگڑاتا ہوا گیا اور ایک کرسی پر بیٹھ گیا۔ تیمور کرسی پر بیٹھتے ہی تلوار ٹیک کر اٹھ کھڑا ہوا اور کہا کہ اے اہل تصنیف میں تم سے

سوال کرتا ہوں کہ ہماری شمشیر کے عوض جو خدا نے تمہیں قلم تحریر دیا ہے اسے اظہار واقعیت اور خلائق کی عبرت اور نصیحت کیلئے کام میں لانا چاہئے یا اغراض نفسانی اور بدزبانی میں ؟ تمام مورخ ایک دوسرے کا منہ دیکھنے لگے کہ یہ کس پر اشارہ ہے اس وقت تیمور نے ابن عرب شاہ کے بلانے کو ایما فرمایا۔ معلوم ہوا کہ وہ کہیں پیچھے رہ گیا۔ چنانچہ اس کا نام مصنفوں کی فہرست سے نکالا گیا۔

اسی حال میں دیکھتے ہیں کہ ایک بزرگ آزاد و ضلع قطع تعلق کا لباس بر میں ، خاکساری کا عمامہ سر پر آہستہ چلتے آتے ہیں۔ تمام علماء و صلحا، مورخ اور شاعر سر جھکائے ان کے ساتھ ہیں۔ وہ دروازہ پر آکر ٹھیرے۔ سب نے آگے بڑھنے کو التجا کی تو کہا معذور رکھو۔ میرا ایسے مقدموں میں کیا کام ہے اور فی الحقیقت وہ معذور رکھے جاتے اگر تمام اہل دربار کا شوق طلب ان کے انکار پر غالب نہ آتا، وہ اندر آئے ایک طلسمات کا شیشہ مینائی ان کے ہاتھ میں تھا کہ اس میں کسی کو دودھ ، کسی کو شربت، کسی کو شراب شیرازی نظر آتی تھی۔ ہر ایک کرسی نشین انہیں اپنے پاس بٹھانا چاہتا تھا مگر وہ اپنی وضع کے خلاف سمجھ کر کہیں نہ بیٹھے ،فقط اس سرے سے اس سرے تک ایک گردش کی اور چلے گئے۔ وہ حافظ شیراز تھے اور شیشہ مینائی ان کا دیوان تھا جو فلک مینائی کے دامن سے دامن باندھے ہے۔ لوگ اور کرسی نشین کے مشتاق تھے کہ دور سے دیکھا۔ بے شمار لڑکوں کا غول غل مچاتا چلا آتا ہے۔ بیچ میں ان کے ایک پیر مرد نورانی صورت جس کی سفید داڑھی میں شگفتہ مزاجی نے کنگھی کی تھی اور خندہ جبینی نے ایک طرہ سر پر آویزاں کیا تھا۔ اس کے ہاتھ میں گلدستہ دوسرے میں ایک میوہ دار ٹہنی پھلوں پھولوں سے ہری بھری تھی۔ اگرچہ مختلف فرقوں کے لوگ تھے جو باہر استقبال کو کھڑے تھے مگر انہیں دیکھ کر سب نے قدم آگے بڑھائے کیونکہ ایسا کون تھا جو شیخ سعدی اور ان کی گلستاں ، بوستاں

کو نہ جانتا تھا۔ انہوں نے کمرہ کے اندر قدم رکھتے ہی سعد زنگی کو پوچھا۔ اس بیچارے کو ایسے درباروں میں بار بھی نہ تھی اور کرسی نشین کہ اکثر ان سے واقف تھے اور اکثر اشتیاق غائبانہ رکھتے تھے وہ ان کے مشتاق معلوم ہوئے باوجود اس کے یہ ہنسے اور اتنا کہہ کر اپنے لڑکوں کے لشکر میں چلے گئے۔ "دنیا دیکھنے کیلئے ہے برتنے کیلئے نہیں'۔

بعد اس کے دیر تک انتظار کرنا پڑا۔ چنانچہ ایک اولوالعزم شخص آیا جس کے چہرہ سے خودسری کا رنگ چمکتا تھا اور سینہ زوری کا جوش بازوؤں میں بل مارا تھا۔ اس کے آنے پر تکرار ہوئی اور مقدمہ یہ تھا کہ اگر علماء کی نہیں تو مورخوں کی کوئی خاں سند ضرور چاہیے۔ بلکہ چغتائی خاندان کے مورخ صاف اس کی مخالفت پر آمادہ ہوئے اس نے باوجود اس کے ایک کرسی جس پر تیموری تمغا بھی لگا تھا گھسیٹ لی اور بیٹھ گیا۔ ہمایوں اسے دیکھ کر شرمایا اور سر جھکا لیا۔ مگر پھر تاج شاہی پر انداز کج کلاہی کو بڑھا کر بیٹھا اور کہا کہ بے حق بے استقلال ہے اس نے داڑھی پر ہاتھ پھیر کر کہا کہ مجھے اتنا فخر کافی ہے کہ میرے دشمن کی اولاد میرے رستے پر قدم بقدم چلیں گے اور فخر کریں گے۔

تھوڑی دیر کے بعد ایک خورشید کلاہ آیا جس کو انبوہ کثیر، ایرانی، تورانی، ہندوستانیوں کے فرقہ ہائے مختلف کا پیچ میں لئے آتا تھا وہ جس وقت آیا تو تمام اہل دربار کی نگاہیں اس کی طرف اٹھیں اور رضامندی عام کی ہوا چلی۔ تعجب یہ ہے کہ اکثر مسلمان اس کو مسلمان سمجھتے تھے۔ ہندو اسے ہندو جانتے تھے۔ آتش پرستوں کو آتش پرست دکھائی دے رہا تھا۔ نصاریٰ اس کو نصاریٰ سمجھتے مگر اس کے تاج پر تمام سنسکرت حروف لکھے تھے۔ اس نے اپنے بعض ہم قوموں اور ہم مذہبوں کی شکایت کر کے بد اونی پر خون کا دعویٰ کیا کہ اس نے میرے حیات جاودانی کو خاک میں ملانا چاہا تھا اور وہ فتح یاب ہوتا اگر چند مصنف مصنفوں کے ساتھ ابوالفضل اور فیضی کی تصنیف میری مسیحائی نہ کرتی سب

نے کہانیت کا پھل ہے۔

اس کے بعد ایک اور بادشاہ آیا جو اپنی وضع سے ہندو راجہ معلوم ہوتا تھا۔ وہ خود مخمور نشہ میں چور تھا ایک عورت صاحب جمال اس کا ہاتھ پکڑے آئی تھی اور جدھر چاہتی تھی پھراتی تھی وہ جو کچھ دیکھتا تھا اس کے نور جمال سے دیکھتا تھا اور جو کچھ کہتا تھا اسی کی زبان سے کہتا تھا اس پر بھی ہاتھ میں ایک جزو کاغذوں کا تھا اور کان پر قلم دھرا تھا۔ یہ سانگ دیکھ کر سب مسکرائے مگر چونکہ دولت اس کے ساتھ ساتھ تھی اور اقبال آگے آگے اہتمام کرتا آتا تھا اس لئے بدمست بھی نہ ہوتا تھا جب نشہ سے آنکھیں کھلتی تھیں تو کچھ لکھ بھی لیتا تھا۔ وہ جہانگیر تھا اور بیگم نور جہاں تھی۔

شاہجہاں بڑے جاہ و جلال سے آیا، بہت سے مورخ اس کے ساتھ کتابیں بغل میں لئے تھے اور شاعر اس کے آگے آگے قصیدے پڑھتے آتے تھے۔ میر عمارت ان عمارتوں کے فوٹوگراف ہاتھ میں لئے تھے جو اس کے نام کی کتابیں دکھاتی تھیں اور سینکڑوں برس کی راہ تک اس کا نام روشن دکھاتی تھیں۔ اس کے آنے پر رضامندی عام کا غلغلہ بلند ہوا چاہتا تھا مگر ایک نوجوان آنکھوں سے اندھا چند بچوں کو ساتھ لئے آیا کہ آپنی آنکھوں کا اور بچوں کے خون کا دعویٰ کرتا تھا یہ شہریار، شاہجہاں کا چھوٹا بھائی تھا اور بچے اس کے بھیجتے تھے اس وقت وزیر اس کا آگے بڑھا اور کہا کہ جو کیا گیا بدنیتی اور خود غرضی سے نہیں کیا بلکہ خلق خدا کے امن اور ملک کا انتظام قائم رکھنے کو کیا۔ بہرحال اسے دربار میں جگہ ملی اور سلاطین چغتائیہ کے سلسلہ میں معزز درجہ پر ممتاز ہوا۔

ایک تاجدار آیا کہ جبہ اور عمامہ سے وضع زاہدانہ رکھتا تھا ایک ہاتھ سے تسبیح پھیرتا جاتا تھا مگر دوسرے ہاتھ میں جو فرد حساب تھی اس میں غرق تھا اور معلوم ہوتا تھا کہ اس کی میزان کو پرتالتا ہے۔ سب نے دیکھ کر کہا کہ انہیں خانقاہ میں لے جانا چاہئے اس دربار

میں اس کا کچھ کام نہیں لیکن ایک ولایتی کہ بظاہر مقطع اور معقول نظر آتا تھا وہ دونوں ہاتھ اٹھا کر آگے بڑھا اور کہا کہ اے اراکین دربار ہمارے ظل سبحانی نے اس کمبخت سلطنت کیلئے بھائی سے لیکر باپ تک کا لحاظ نہ کیا۔ اس پر بھی تمہارے اعتراض اسے اس دربار میں جگہ نہ دیں گے یہ لطیفہ اس نے اس مسخراپن سے ادا کیا کہ سب مسکرائے اور تجویز ہوئی کہ تیموری خاندان کے سب سے آخر میں انہیں بھی جگہ دے دو۔ معلوم ہوا کہ وہ عالمگیر بادشاہ اور ساتھ اس کے نعمت خاں عالی تھا۔

اس کے ساتھ ہی ایک بینڈا جوان، دکھنی وضع جنگ کے ہتھیار لگائے راجگی کے سکے تمغے سے سجا ہوا آیا اس کی طرف لوگ متوجہ نہ ہوئے بلکہ عالمگیر کچھ کہنا بھی چاہتا تھا مگر وہ کرسی کھینچ کر اس کے سامنے ہی بیٹھ گیا۔ اور بولا کہ صاحب ہمت کو جگہ دو یا نہ دو وہ آپ جگہ پیدا کر لیتا ہے۔ یہ سیوا جی تھا جس سے مرہٹہ خاندان کی بنیاد قائم ہوئی ہے۔

تھوڑی دیر کے بعد دور سے گانے بجانے کی آواز آئی اور بعد اس کے ایک بادشاہ آیا اس کی وضع ہندوستانی تھی۔ مصنفوں اور مورخوں میں سے کوئی اس کے ساتھ نہ تھا۔ البتہ چند اشخاص تھے کہ کوئی ان میں گویا اور کوئی بھانڈ کوئی مسخرا نظر آتا تھا۔ یہ سب گھبرائے ہوئے آتے تھے کیونکہ ایک ولایتی دلاور ان کے پیچھے پیچھے شمشیر برہنہ علم کئے تھے اس کی اصفہانی تلوار سے لہو کی بوندیں ٹپکتی تھیں۔ مخمل رومی کی کلاہ تھی جس پر ہندوستان کا تاج شاہی نصب تھا اور اسپ بخارائی زیر ران تھا۔ وہ ہندوستانی وضع بادشاہ محمد شاہ تھا اسے دیکھتے ہی سب نے کہا کہ نکالو نکالو، ان کا یہاں کچھ کام نہیں، چنانچہ وہ فوراً دوسرے دروازے سے نکالے گئے۔ ولایتی مذکور نادر شاہ تھا جس نے سرحد روم سے بخارا تک فتح کر کے تاج ہندوستان سر پر رکھا تھا اسے چنگیز خاں کے پاس جگہ مل گئی۔

تھوڑی دیر ہوئی تھی جو ایک غول ہندوستانیوں کا پیدا ہوا۔ ان لوگوں میں بھی کوئی

مرقع بغل میں دبائے تھا کوئی گلدستہ ہاتھ میں لئے تھا انہیں دیکھ دیکھ کر آپ ہی آپ خوش ہوتے تھے اور وجد کر کے اپنے اشعار پڑھتے تھے۔ یہ ہندوستانی شاعر تھے چنانچہ چند اشخاص انتخاب ہوئے ان میں ایک شخص دیکھا کہ جب بات کرتا تھا اس کے منہ سے رنگارنگ کے پھول جھڑتے تھے لوگ ساتھ ساتھ دامن پھیلائے تھے مگر بعض پھولوں میں کانٹے ایسے ہوتے تھے کہ لوگوں کے کپڑے پھٹے جاتے تھے۔ پھر بھی مشتاق زمین پر گرنے نہ دیتے تھے کوئی نہ کوئی اٹھا ہی لیتا تھا۔ وہ مرزا رفیع سودا تھے۔

میر بد دماغی اور بے پروائی سے آنکھ اٹھا کر نہ دیکھتے تھے۔ شعر پڑھتے تھے اور منہ پھیر لیتے تھے۔ درد کی آواز دردناک دنیا کی بے بقائی سے جی بیزار کئے دیتی تھی۔ میر حسن اپنی سحر بیانی سے پرستان کی تصویر کھینچتے تھے۔ میر انشاء اللہ خاں قدم قدم پر نیا بہروپ دکھاتے تھے۔ دم میں عالم ذی وقار متقی پرہیز گار، دم میں داڑھی چٹ بنگ کا سونٹا کندھے پر۔

جرات کو اگرچہ کوئی خاطر میں نہ لاتا تھا۔ مگر جب وہ میٹھی آواز سے ایک تان اڑاتا تھا تو سب کے سر ہل ہی جاتے تھے۔ ناسخ کی گلکاری چشم آشنا معلوم ہوتی تھی اور اکثر جگہ قلم کاری اس کی عینک کی محتاج تھی مگر آتش کی زبانی اسے جلائے بغیر نہ چھوڑتی تھی۔ مومن کم سخن تھے مگر جب کچھ کہتے تھے جرات کی طرف دیکھتے جاتے تھے۔

ایک پیر مرد دیرینہ سال، محمد شاہی دربار کا لباس، جامہ پہنے کھڑکی دار پگڑی باندھے، جریب ٹیکتے آتے تھے مگر ایک لکھنو کے بانکے پیچھے پیچھے گالیاں دیتے تھے۔ بانکے صاحب ضرور ان کے دست و گریبان ہو جاتے لیکن چار خاکسار اور پانچواں تاجدار ان کے ساتھ تھا یہ بچا لیتے تھے۔ بڈھے میر امن دہلوی چار درویش کے مصنف تھے اور بانکے صاحب مرزا سرور، فسانہ عجائب والے تھے۔ ذوق کے آنے پر پسند عام کے عطر سے

دربار مہک گیا انہوں نے اندر آکر شاگردانہ طور پر سب کو سلام کیا۔ سودا نے اٹھ کر ملک الشعراء کا تاج ان کے سر پر رکھ دیا۔ غالب اگرچہ سب سے پیچھے تھے پر کسی سے نیچے نہ تھے۔ بڑی دھوم دھام سے آئے اور ایک نقارہ اس زور سے بجایا کہ سب کے کان گنگ کر دیئے۔ کوئی سمجھا اور کوئی نہ سمجھا مگر سب واہ واہ اور سبحان اللہ کرتے رہ گئے۔

اب میں نے دیکھا کہ فقط ایک کرسی خالی ہے اور بس اتنے میں آواز آئی کہ آزاد کو بلاؤ، ساتھ ہی آواز آئی کہ شاید وہ اس جرگہ میں بیٹھنا قبول نہ کرے مگر وہیں سے پھر کوئی بولا، کہ اسے جن لوگوں میں بٹھادوگے بیٹھ جائے گا۔ اتنے میں چند اشخاص نے غل مچایا کہ اس کے قلم نے ایک جہان سے لڑائی باندھ رکھی ہے اسے دربار شہرت میں جگہ نہ دینی چاہیے۔ اس مقدمہ پر قیل و قال شروع ہوئی۔ میں چاہتا تھا کہ نقاب چہرہ سے الٹ کر آگے بڑھوں اور کچھ بولوں کہ میرے ہادی ہمدم یعنی فرشتہ رحمت نے ہاتھ پکڑ لیا اور چپکے سے کہا کہ ابھی مصلحت نہیں۔ اتنے میں آنکھ کھل گئی میں اس جھگڑے کو بھی بھول گیا۔ اور خدا کا شکر ادا کیا بلا سے دربار میں کرسی ملی یا نہ ملی۔ مردوں سے زندوں میں تو آیا۔

# محمد حسین آزاد کی انشائیہ نگاری اور نیرنگ خیال کا خصوصی مطالعہ

انشائیہ اردو ادب کی ایک اہم صنف ہے جس میں عبارت کو سجا کر بات سے بات پیدا کی جاتی ہے۔ یہ صنف عربی سے اردو میں آئی بعض محققین کا خیال ہے کہ یہ صنف اردو میں انگریزی سے آئی ہے۔ محمد حسین آزاد نے اردو میں پہلی بار باضابطہ طور پر انشائیہ لکھے ان سے قبل، سب رس، میں بھی انشائیوں کے نمونے ملتے ہیں۔ آزاد کے والد مولانا محمد باقر ایک صحافی تھے اور دہلی اخبار نکالتے تھے۔ انہوں نے ۱۸۵۷ء کی پہلی جنگ آزادی میں حصہ لیا تھا۔ جس کی پاداش میں انہیں موت کی سزا دی گئی تھی۔ محمد حسین آزاد ۱۲۴۵ھ مطابق ۱۸۲۹-۱۸۳۰ میں پیدا ہوئے۔ دہلی کالج میں تعلیم حاصل کی، جہاں نذیر احمد اور ذکاالله ان کے ہم جماعت تھے۔

محمد حسین آزاد ادبی مورخ بھی تھے اور شاعر بھی، انہوں نے بچوں کیلئے درسی کتابیں بھی لکھیں لیکن انشائیہ نگاری میں انہیں سب سے اہم مانا جاتا ہے۔

نیرنگ خیال ان کے انشائیوں کا مجموعہ ہے اس کے دو حصے ہیں۔ حصہ اول میں آٹھ اور دوسرے میں پانچ انشائیے ہیں۔ پہلا حصہ زیادہ مقبول اور مشہور ہوا۔ ماہرین کا کہنا ہے کہ یہ انشائیے انگریزی مصنفین کے مضامین کے ترجمے ہیں یا ان کی تحریروں سے ماخوذ ہیں۔ خود آزاد نے بھی اعتراف کیا ہے کہ انہوں نے انگریزی مضامین پڑھوا کر سنے۔

آزاد کے انشائیوں کی خصوصیت یہ ہے کہ انہوں نے تمثیلی انداز اختیار کیا۔ غیر مجرد اشیا اور صفات کو انہوں نے مجسم کر کے اشخاص کی طرح پیش کیا۔ ان کے ہاں ڈرامائیت بھی ہے اور قصہ کی سی کیفیت بھی ملتی ہے۔ ان کے انشائیے ایک خاص مقصد کو پیش کرتے ہیں۔ آزاد یہ چاہتے تھے کہ قوم کے حالات میں بہتری آئے وہ برائیوں سے دور رہیں اور اپنی زندگی کو سنواریں ان کے ہاں خیال کی عظمت اور اخلاقی نقطہ نظر غالب نظر آتا ہے جس کو انہوں نے رمز و کنایہ اور استعارے کے ذریعے موثر انداز میں پیش کیا ہے۔

"انشائیہ کے لغوی معنی ہیں بات سے بات پیدا کرنا، عبارت کو سجانا اور آراستہ کرنا، یہ صنف یعنی انشائیے عربی ادب کی دین ہے۔ عربی کے اہم انشاء پرداز ابن المقنع متوفی ۱۴۲ھ جاحظ متوفی ۲۵۵ھ صاحب بن عباد ۳۲۶ھ اور ابن خلدون وغیرہ ہیں۔ ان کے اہم انشائیے الادب الصغیر، الادب الکبیر، کتاب النجلا، البیان والیقین وغیرہ وغیرہ ہیں۔

ہمارے بعض نقادوں نے اسے مغرب سے مستعار قرار دیا ہے۔ نظیر صدیقی کا خیال ہے کہ انشائیہ کی صنف ہمارے یہاں مغرب سے آئی جب کہ ڈاکٹر وزیر آغا اور ڈاکٹر عصمت اللہ نے انشائیہ کو انگریزی کے Personal essay سے مماثل قرار دے کر خلط مبحث کر دیا ہے۔

("انشائیہ کیا ہے" نظیر صدیقی مشمولہ اردو نثر کا فنی ارتقاء، فرمان فتح پوری۔ ص ۲۲۴)

نیرنگ خیال کے جتنے جدید ایڈیشن ملتے ہیں ان سب کے مقدموں میں عموماً انشائیہ کا سلسلہ نسب مون تین (۱۵۹۲-۱۵۳۳) سے جوڑ دیا جاتا ہے حالانکہ اسی زمانہ میں اردو

میں ملاوجہی "سب رس" میں انشایئے لکھ رہے تھے سب رس میں جاوید وششٹ نے اکسٹھ انشائیوں کی نشاندہی کی ہے۔

قصہ حسن ودول : جاوید وششٹ

سب رس کے انشایئے مختلف موضوعات پر ہیں ان میں سے گیارہ تو صرف عشق پر ہیں۔ وجہی نے الگ سے عنوان قائم کر کے انہیں نہیں لکھا بلکہ جب عشق کا ذکر آیا تو پھر اس کے تحت لکھتا چلا گیا۔ مثال کیلئے سب رس سے ایک نمونہ پیش کیا جاتا ہے۔

" ہمت نے دل کوں، عاشق کامل کوں واصل کوں بہت یاری سوں بہت دوست داری سوں عشق بادشاہ عالم پناہ صاحب سیاہ کے حضور لیا یا دل کوں ہور عقل کوں ہور عشق کوں ایک جا گا ملایا"

انشائیوں کی تاریخ سمجھنے کیلئے یہ بات ذہن میں رکھنی چاہئے کہ یہ صنف عربی اور پھر فارسی کی راہ سے اردو تک پہونچی ہے۔ چنانچہ فارسی میں فتاحی نیشاپوری کی دستور العشاق میں بھی انشایئے کے نمونے ملتے ہیں جس کا آزاد ترجمہ ملاوجہی نے سب رس میں پیش کیا ہے یا یوں کہا جاسکتا ہے کہ سب رس میں سے مستفاد ہے اسی طرح ملارضی تبریزی کی حدائق العشاق کا آزاد ترجمہ رجب علی بیگ سرور نے گلزار سرور میں کیا ہے اور اس میں بھی انشائیہ کے نمونے نظر آتے ہیں۔

یہ کارنامے محمد حسین آزاد کی نیرنگ خیال سے قبل کے ہیں۔ محمد حسین آزاد کے ہی دور کے سرسید احمد خاں کا انشائیہ "امید کی خوشی" انشائیہ کی ساری شرائط پوری کرتا ہے۔ نیرنگ خیال کے پندرہ برس بعد محسن الملک کا انشائیہ "موجودہ تعلیم وتربیت کی شبیہ" اہم ہے۔

انگریزی ادب میں انشائیہ کا کوئی تصور نہ تھا۔ انگریزی کے نقاد مومن تین سے اس

کا سلسلہ نسب شروع کرتے ہیں اور انگریزی کے انشائیہ نگاروں میں چارلس لیمپ اسٹیونسن، ایڈیسن اور جانسن وغیرہ کے نام لئے جاتے ہیں۔ انگریزی ادب کے ناقدین اسے شخصی مضمون Personal essay کا نام دیتے ہیں۔

## محمد حسین آزاد کے مختصر حالات زندگی

مولانا محمد حسین آزاد اردو کے ایک اہم انشاء پرداز تھے اس سے پہلے کہ ان کی انشائیہ نگاری پر روشنی ڈالی جائے یہ معلوم ہوتا ہے کہ اختصار کے ساتھ آزاد کے حالات زندگی اور ان کے عہد کا بھی تذکرہ کر دیا جائے۔

آزاد کے پر دادا ہمدان سے دہلی آئے یہ زمانہ شاہ عالم کا ابتدائی عہد تھا۔ یہ وہ دور ہے جب مغلیہ سلطنت سمٹ کر دلی تک محدود ہو گئی تھی۔ اس ضمن میں عام طور پر یہ کہا جاتا تھا کہ "سلطنت شاہ عالم از دلی تا پالم' ان کے فرزند محمد اشرف اور محمد اشرف کے صاحبزادے مولانا محمد اکبر شیعہ اثنا عشری فرقہ کے عالم اور مجتہد تھے۔ محمد اشرف اور محمد اکبر کی شادیاں ایران ہی میں ہوئی تھیں۔ مولانا محمد اکبر کے فرزند اور آزاد کے والد مولانا محمد باقر تھے وہ جید عالم اور مجتہد تھے۔ ابتدائی دور میں وہ سرکاری عہدوں پر فائز رہے لیکن ان کی شہرت کا سبب دہلی اخبار تھا جو آزاد کے بقول ۱۸۳۶ء شائع ہونا شروع ہوا۔ ۱۸۴۰ء میں دہلی اردو اخبار ہوا۔ اپریل ۱۹۴۹ء میں محمد حسین آزاد اس اخبار کے مہتمم قرار پائے۔ یہ اخبار جولائی ۱۸۵۷ء میں اخبار الظفر ہو گیا تھا۔ اس کا آخری شمارہ ۱۳ ستمبر ۱۸۵۷ء کو شائع ہوا تھا۔ مولانا محمد باقر باضابطہ طور سے جنگ آزادی سے وابستہ رہے اور مولوی عبد القادر کے ساتھ جدوجہد آزادی میں حصہ لے کر یہ ثابت کیا کہ

صاحب قلم، صاحب سیف بھی ہوتا ہے۔ مولانا محمد باقر انگریزوں کے خلاف جنگ آزادی میں حصہ لینے کی پاداش میں ۱۴ یا ۱۵ ستمبر کو گرفتار کئے گئے اور ۱۶ ستمبر ۱۸۵۷ء کو انہیں شہید کردیا گیا۔

محمد حسین آزاد کا سنہ ولادت ۱۸۲۹-۱۸۳۰ ہے۔ اس میں مختلف آرا بھی ملتی ہیں لیکن ذوق کے مولانا محمد باقر سے دوستانہ روابط کے پیش نظر آزاد کی ولادت کے وقت ذوق کی کہی ہوئی تاریخ "ظہور اقبال' مستند تسلیم کی جائے گی جس کے اعداد ۱۲۴۵ھ ہیں جس کی عیسوی سنہ ۱۸۳۰ء سے مطابقت ہوتی ہے۔

آزاد کی تعلیمی زندگی کا آغاز دہلی سے ہوا جہاں نذیر احمد اور مولوی ذکاء اللہ جیسے ذہین تیز اور طرار ہم جماعت ملے۔ آزاد کو وظیفہ بھی ملتا تھا۔ اساتذہ بھی حوصلہ افزائی کرتے تھے دوسری طرف بحیثیت صحافی اردو اخبار کے ذریعہ نثر و نظم میں بھی پختگی آگئی تھی۔ ان کی پہلی نظم ۲۴ مئی ۱۸۵۷ء کو انقلاب عبرت افزا کے عنوان سے شائع ہوئی جو بعد میں فتح افواج شرق کی سرخی کے ساتھ بھی ملتی ہے۔

آزاد کی شخصی زندگی میں کچھ پہلو قابل ذکر ہیں۔ چار برس کے تھے جب والدہ امانی خاتم کا انتقال ہوا۔ ۱۸۵۷ء میں ان کی ایک سال کی بچی ان کی اہلیہ کی آغوش میں توپ کی گرج دار آواز سے دہل کر مرگئی۔ باپ نظروں کے سامنے مرحلہ دار و رسن سے ذرے۔ ۱۸۵۷ء کے کئی سال بعد تک آزاد ادھر ادھر مارے مارے پھرتے رہے اور ڈاک خانہ کی ملازمت سے لے کر بہت سارے کام کئے۔ پنجاب یونیورسٹی میں ملازمت کے بعد انہیں معاشی فراغت حاصل ہوئی۔ اسی زمانہ میں ڈاکٹر لائیٹز سے ان کے روابط بڑھے اور بعد میں علمی بنیادوں پر سخت اختلافات بھی ہوئے۔ آزاد نے میجر فلر اور کرنل ہالرائڈ کے ساتھ انجمن پنجاب کی بنیاد ڈالی۔ مولانا حالی بھی ان کے شریک کار رہے۔ اس انجمن کی

تشکیل کے بعد ۱۸۶۷ء سے مضمون نگاری، لکچر اور عنوانات کے تحت نظم لکھنے کا سلسلہ شروع ہوا۔ ان کی زندگی اور ان کے عہد کے یہ کچھ اہم واقعات ہیں جو ان کی انشائیہ نگاری کا پس منظر پیش کرتے ہیں۔

***